Helle Becker (Hrsg.)

Politik und Partizipation in der Ganztagsschule

WOCHEN
SCHAU
VERLAG

Bibliografische Information der Deutschen Bibliothek
Die Deutsche Bibliothek verzeichnet diese Publikation in der Deutschen Nationalbibliografie; detaillierte bibliografische Daten sind im Internet über http://dnb.ddb.de abrufbar.

Die Herstellung dieser Publikation wurde aus Mitteln der Stiftung Deutsche Jugendmarke e.V. finanziell gefördert.

www.wochenschau-verlag.de

Umschlag: Ohl Design
Umschlagfoto: Helle Becker
Gedruckt auf chlorfrei gebleichtem Papier
Gesamtherstellung: Wochenschau Verlag
ISBN 978-3-89974381-4

Inhaltsverzeichnis

Einführung

„Langsam und mit Bedacht“: Politische Jugendbildung und Ganztagsschule

„Bildungseinrichtungen müssen zu ‚Häusern des Lernens‘ werden“ forderte der Arbeitsstab Forum Bildung 2001 in seinen Abschlussempfehlungen im Anschluss an zahlreiche nationale und internationale Studien und meinte damit vor allem die Öffnung von Schule: „Durch die Öffnung von Bildungseinrichtungen werden andere Lernorte und Sachverstand von außen einbezogen. Das fördert das Lernen in Zusammenhängen, hilft die Aufsplitterung der Unterrichtsinhalte durch übergreifendes und projektorientiertes Lernen zu überwinden und unterstützt den gemeinsamen Erwerb von fachlichen und fachübergreifenden Kompetenzen.“

Unter anderem diese Vision trug dazu bei, dass inzwischen in allen Bundesländern der Auf- und Ausbau der Ganztagsschule, unterstützt durch landesweite Förderprogramme und das Investitionsprogramm „Zukunft Bildung und Betreuung“ des Bundes, vorangetrieben wurde. Die Jugendhilfe und speziell die Jugendarbeit haben sich von Anfang an in der Debatte als Partner positioniert. Schon 2002 hat das Bundesjugendkuratorium in seiner Streitschrift „Zukunftsfähigkeit sichern! – Für ein neues Verhältnis von Bildung und Jugendhilfe“ die Bildungspotenziale der Jugendhilfe hervorgehoben. In der Folge wurde und wird in allen Feldern der Jugendhilfe über die Möglichkeiten von Kooperationen mit Ganztagsschulen nachgedacht. Der 12. Kinder- und Jugendbericht stellte mit seiner thematischen Ausrichtung geradezu die Forderung nach Bildung, „vor und neben der Schule“, aber eben auch in Form von Kooperationen in der (Ganztags-)Schule.

Während auch die wissenschaftliche Begleitung der Entwicklung der neuen Ganztagsschulen prompt und recht umfassend einsetzte und wertvolle Ergebnisse aus den verschiedenen Perspektiven von Schule, Eltern und Jugendhilfe lieferte und liefert, sind systematische und die Praxis berücksichtigende Betrachtungen aus Sicht der außerschulischen Jugendbildung noch nicht häufig. Während sich einige Trägerbereiche frühzeitig und vielzählig an Kooperationen mit Ganztagsschulen beteiligten, verhielten sich die Träger politischer Jugendbildung – aus guten Gründen, wie im Folgenden zu lesen sein wird – besonders zurückhaltend.

Die Gemeinsame Initiative der Träger politischer Jugendbildung, GEMINI, entschloss sich daher im Jahr 2004, im Rahmen eines Verbundprojekts unter Federführung des Bundesarbeitskreises ARBEIT UND LEBEN die Kooperationsmöglichkeiten der politischen Jugendbildung im Ganztag zu erkunden. An zwölf Projektstandorten wurden von Dezember 2004 bis Dezember 2006 Kooperationen und ihre Bedingungen erprobt. Das durch die Stiftung Deutsche Jugendmarke geförderte Projekt „Politik & Partizipation in der Ganztagsschule" (P&P) wollte damit Träger der außerschulischen politischen Jugendbildung wie auch Schulen motivieren, Ganztagskooperationen mit der politischen Jugendbildung aufzubauen.

Die Erfahrungen und Diskussionen des P&P-Projekts zeigen vor allem eines: Es gibt keineswegs eine einheitliche Sichtweise politischer Jugendbildung, ihrer Herausforderungen sowie der Perspektiven einer künftigen Zusammenarbeit im Rahmen von Ganztagsschulen. Erfolge und Misserfolge der einzelnen Kooperationsprojekte sind nur höchst differenziert zu begründen und offenbar auch unterschiedlich zu bewerten. „Langsam und mit Bedacht", so Nadine Balzter und Achim Schröder in diesem Band, nähert sich die politische Jugendbildung dem ganztägigen Lernen.

Die – zum Teil kontroversen – Suchbewegungen spiegeln sich auch in den Beiträgen dieses Buches wider. Diese liefern keine fertigen Rezepte, wie „Politik und Partizipation" ihren Platz in der Ganztagsschule finden könnten. Aber sie benennen Parameter, Hindernisse, Ideen, Hoffnungen und „Hausaufgaben". Das Buch vereinigt dafür auch zahlreiche empirische Ergebnisse aus der aktuellen Jugendforschung (vgl. Scherr und Stolz), aus der Evaluation der politischen Jugendbildung (Baltzer/Schröder), aus der Evaluation des P&P-Projekts (Becker und Riß/Thimmel), aus einer empirischen Umfrage des Deutschen Volkshochschul-Verbandes zur Kooperation mit Ganztagsschulen (Rex) sowie aus der Evaluation eines verwandten Projekts „Kultur macht Schule" (Becker/Bielenberg). Es markiert damit nicht nur eine Zwischenbilanz der Diskussion, sondern auch der bisherigen spezifischen empirischen Erkenntnisse über Kooperationen der außerschulischen politischen Jugendbildung mit Ganztagsschulen. Ergänzt werden diese durch zwei Berichte aus der Praxis (Götz und Schöne). Alle Beiträge repräsentieren Diskussions-Bausteine, die das Nachdenken über die Perspektiven eines „neuen Lernens" bereichern sollen.

Helle Becker,
Projektleiterin des GEMINI-Projektes
„Politik & Partizipation in der Ganztagsschule"

Albert Scherr

Eigenständigkeit und Eigensinn außerschulischer politischer Bildung

Produktive Kooperation zwischen schulischer und außerschulischer Bildung setzt Differenz und wechselseitige Anerkennung der Differenz voraus. Aus den Unterschieden von Bildungskonzepten, professionellen Profilen und Methoden ergibt sich gerade dann die Chance einer qualitativen Verbesserung von Bildungsangeboten, wenn nicht „nur" nach einem kleinsten gemeinsamen Nenner an Übereinstimmungen gesucht wird, die eine Kooperation ermöglichen, sondern die Chance auch darin gesehen wird, die jeweiligen Besonderheiten produktiv – im Sinne eines Ergänzungs- oder eines konstruktiven Spannungsverhältnisses – aufeinander zu beziehen.

Geht man davon aus, dass der gemeinsame Bezugspunkt von Schulen und außerschulischer Bildung in dem wie immer auch diffusen Interesse besteht, Schülerinnen und Schüler zu einem angemessenen Verständnis von Demokratie und Menschenrechten zu befähigen sowie ihnen Möglichkeiten der politischen Artikulation und Partizipation aufzuzeigen, kann eine – jedenfalls im Prinzip – hinreichende Grundlage für Kooperationen unterstellt werden. Was aber sind die Spezifika außerschulischer politischer Bildung, die bei solchen Kooperationen in Rechnung zu stellen sind und deren Anerkennung Schulen seitens der Jugendbildungsarbeit abverlangt werden sollte? Dieser Frage soll im Folgenden mit einigen programmatisch und thesenförmig gefassten Überlegungen in der Absicht nachgegangen werden, Institutionen und Professionelle aus dem Bereich der außerschulischen Bildung bei Bemühungen zu unterstützen, den Eigensinn ihres Bildungsangebots nicht zu Gunsten einer Anpassung an schulische Vorgaben preiszugeben. Darüber hinaus soll für Schulen und Lehrkräfte deutlich werden, worin der mögliche Gewinn einer Zusammenarbeit liegt, die außerschulische Bildung nicht als bloße Erweiterung und/oder Fortsetzung schulischen Lernens mit anderen Mitteln begreift.

Stärken und Grenzen schulischen politischen Lernens

Schulische politische Bildung hat einen für die politische Kultur unverzichtbaren Vermittlungsauftrag. Sie steht vor der Aufgabe, Schülerinnen und Schülern ein grundlegendes Verständnis demokratischer und menschenrechtlicher Prinzipien sowie ihrer gesellschaftsgeschichtlichen und gegenwärtigen Bedeutung zu ermöglichen – und das unabhängig davon, ob dies mit den je aktuellen Interessen der Schüler selbst übereinstimmt oder nicht. Das Arrangement der schulischen politischen Bildung hat seine Stärke also idealiter darin, einen grundlegenden Erwerb politisch relevanten Wissens gesellschaftlich zu gewährleisten und dies durch qualifizierte Fachkräfte, die sich in einem wissenschaftlichem Studium mit ihrer jeweiligen Fachdisziplin sowie mit fachdidaktischen und unterrichtsmethodischen Fragestellungen auseinandergesetzt haben.

Dabei sind Schulen bzw. Lehrerinnen und Lehrer jedoch mit zumindest folgenden strukturell bedingten Problemlagen konfrontiert:

- Der Sinn demokratischer Prinzipien ist im schulischen Zusammenhang selbst nur in Ansätzen erfahrbar. Der Versuch, Schülerinnen und Schülern Demokratie als unverzichtbares gesellschaftlichen Gestaltungsprinzip verständlich zu machen, steht entsprechend in einem Widerspruch zu den Organisationsprinzipen von Schulen, die keine konsequent demokratisch verfassten Institutionen sind und sein können (siehe Pohl 2004).
- Schulisches Lernen folgt curricularen Vorgaben und sieht nur begrenzte zeitliche Spielräume für die Auseinandersetzung mit den vielfältigen curricular nicht vorgesehenen Problemen und Fragen vor, die für Schülerinnen und Schüler relevant sind. Ein sachlich begründetes Interesse an den jeweiligen Unterrichtsthemen kann folglich nicht vorausgesetzt werden, zumal genuin politische Themen gewöhnlich ohnehin nicht im Zentrum des Interesses Jugendlicher stehen, sondern muss mit methodischen Mitteln und/oder Leistungsbewertungen und Sanktionsdrohungen abgesichert werden.
- Lehrerinnen und Lehrer werden in ihrer Ausbildung auf eine pädagogische Praxis vorbereitet, die institutionell durch die Schulpflicht, die Curricula und folgenreiche Leistungsbewertungen gerahmt ist. Die Entwicklung der Fähigkeit und Bereitschaft, sich auf die Auseinandersetzung mit je aktuellen Fragen von Schülern und jugendspezifischen Artikulations- und Kommunikationsformen einzulassen, ist in der Lehrerbildung nicht, jedenfalls nicht als ein zentraler Aspekt professioneller Kompetenz, vorgesehen, sondern wird als individuelle Fähigkeit verstanden, über die Lehrkräfte als Personen verfügen oder eben nicht verfügen. Reformpädagogisch inspirierte Tendenzen in der Schulentwicklung, die auch ein verändertes Verständnis von Bildungsprozessen und Lehrerprofessionalität einfordern, sind in dieser Hinsicht zwar nicht gänzlich einflusslos; sie werden aber „nach PISA" durch eine Entwicklung konterkariert, die die Vermittlung abprüfbarer Kompetenzen und Wissensbestände als zentrale Aufgabe der Schule und des Lehrerhandelns fasst (siehe Bromme/Haag 2004, Kolbe/Combe 2004).

Aus dieser Rahmung resultieren spezifische Stärken, aber auch spezifische

Grenzen und Folgeprobleme schulischen (politischen) Lernens, die in der schulkritischen Bildungsforschung immer wieder analysiert worden sind (siehe dazu etwa Holzkamp 1993, Oevermann 2003) und auf die auch aktuelle Bemühungen der Schulreform, etwa durch die Adaption reformpädagogischer Methoden, reagieren. Die einschlägigen Überlegungen sind hier nicht erneut zu referieren. Ich beschränke mich auf eine exemplarische Verdeutlichung.

In einem kürzlich abgeschlossenen Projekt (siehe Scherr/Schäuble 2006 und 2007) wurde mit den Mittel einer qualitativen Studie der Frage nach den Erfordernissen und Möglichkeiten einer Bildungsarbeit nachgegangen, die auf antisemitische Tendenzen unter gegenwärtigen Jugendlichen reagiert. Befragt wurden Jugendliche, die in Schulen, insbesondere im Geschichts-, Sozialkunde-, Religions- und Ethikunterricht veranlasst waren, sich mit Antisemitismus im Kontext der curricular vorgesehenen Thematisierung des Nationalsozialismus und des Holocaust zu befassen. Dabei wurden u.a. vier für die Fragestellung dieses Beitrags relevante Sachverhalte deutlich:

- Schulische Bildung über Nationalsozialismus, Holocaust und Antisemitismus bleibt nicht folgenlos. Sie bewirkt bei der Mehrzahl der Jugendlichen eine grundlegende moralische Sensibilisierung dahingehend, dass sie vor dem Hintergrund ihres Wissens über die nationalsozialistischen Verbrechen keine Antisemiten sein wollen.
- Mit der kritischen Thematisierung von Antisemitismus erwerben die Jugendlichen jedoch zugleich auch ein Wissen über antisemitische Vorurteile sowie die Vorstellung, dass Juden „irgendwie anders sind" als „wir". Wie sie damit in außerschulischen Kommunikationszusammenhängen umgehen, z.B. bei ihren Versuchen, aktuelle mediale Informationen über den Nahost-Konflikt zu verstehen, entzieht sich der schulischen Wahrnehmung und Einflussnahme. Für die Jugendlichen relevante gegenwartsbezogene Fragen, die sich ihnen in diesem thematischen Zusammenhang stellen, bleiben in der Schule in der Regel zudem unbeantwortet.
- Das verfügbare wissenschaftliche Wissen über antisemitische und anti-antisemitische Argumentationen und Überzeugungen gegenwärtiger Jugendlicher ist gering. Es liegen zwar einschlägige Daten aus der Meinungs- und Einstellungsforschung, aber kaum Studien vor, die differenzierte Einblicke in die heterogenen Thematisierungsweisen in unterschiedlichen Jugendkulturen, Szenen und Milieus ermöglichen. Dieses Nicht-Wissen stellt sich aber für die schulische Bildung kaum als Problem dar, da sie über entwickelte Routinen für die Bearbeitung der Thematik verfügt. Diese Routinen sind zwar für die Ermöglichung schulischen Unterrichts nicht verzichtbar, führen aber zu einer weitgehenden Ausblendung der hoch spezifischen Sichtweisen und Hintergründe, die für jeweilige Schülerinnen und Schüler relevant sind.

- Typische Formen der Unterrichtskommunikation können zudem zu Lernblockaden und Abwehrhaltungen beitragen, die keineswegs auf ein vorgängiges Desinteresse der Schüler rückführbar sind. Dies ist etwa dann der Fall, wenn die schulische Thematisierung von Antisemitismus von dem moralischen Impuls getragen ist, unterstellte antisemitische Haltungen der Schülerinnen und Schüler aufzubrechen, aber auf Schüler trifft, die sich selbst als nicht-antisemitisch begreifen und sich dann gegen die erneute und aus ihrer Sicht überflüssige und unangemessene Zumutung wehren, ihre moralische Eindeutigkeit unter Beweis stellen zu sollen (siehe zu diesen Aspekten Kössler 2006, Fechler 2006, Scherr/Schäuble 2007).

Deutlich werden hier beispielhaft Grenzen und Folgeprobleme eines politischen und moralischen Lernens, das sich im Kern als Vermittlung von Wissensbeständen sowie moralischer Haltungen und Überzeugungen versteht, deren Gültigkeit und Relevanz nicht in Frage steht. Hier soll zwar nicht in Frage gestellt werden, dass ein solches Verständnis schulischen Lernens begründbar und keinesfalls folgenlos substituierbar ist. Die skizzierten Problematiken weisen m.E. aber darauf hin, dass schulisches Lernen Formen einer dialogischen, d.h. an den Fragestellungen und Relevanzen Jugendlicher ansetzenden, eine genaue Wahrnehmung ihrer Erfahrungen und Sichtweisen zu Grunde legenden sowie auf eine prinzipiell offene Auseinandersetzung mit ihren Sichtweisen und Überzeugungen angelegten Bildungspraxis nicht ersetzen kann. Denn politische Jugendbildung kann sich nicht darauf beschränken, Wissen über politische Strukturen, Entscheidungen und Ereignisse zu vermitteln sowie Möglichkeiten zur Auseinandersetzung mit politischen Diskursen, Theorien und Ideologien anzubieten. Sie ist darüber hinausgehend darauf verwiesen, die alltäglichen Gesellschaftserfahrungen ihrer Adressaten als Ausgangspunkt für Lernprozesse aufzugreifen, die darauf ausgerichtet sind, Zusammenhänge zwischen der je eigenen Lebenssituation und den gesellschaftspolitischen Bedingungen verständlich zu machen sowie Möglichkeiten der eigenen politischen Artikulation und Beteiligung zu verdeutlichen.

In der Bereitstellung solcher Lerngelegenheiten, in denen die Erfahrungen und Sichtweisen von Jugendlichen zur Sprache kommen können, in denen diese als Grundlage für dialogische Klärungsprozesse und Auseinandersetzungen ernst genommen werden und in denen sie dabei unterstützt werden, ihnen angemessene Formen politischen Handelns zu entwickeln und zu realisieren, liegt m.E. die genuine Chance außerschulischer politischer Bildung. Denn gerade eine subjektorientierte und dialogisch angelegte Bildungspraxis (siehe dazu Scherr 1997, 2002, 2004) ist – im Unterschied zur medialen Vermittlungskultur und zur schulischen Belehrungskultur – dazu geeignet, solche Lernprozesse zu ermöglichen und zu unterstützen, die zur Klärung eigener Erfahrung sowie zur Überprüfung und ggf. Veränderung eigener vorgängiger Gewissheiten führen.

Außerschulische Jugendbildung ist folglich darauf verwiesen, mit Jugendlichen in eine kritische Auseinandersetzung mit ihren Alltagserfahrungen und mit für sie relevanten gesellschaftlichen Sachverhalten einzutreten. Dazu sind Bildungsorte und Arrangements erforderlich, in denen auf curriculare Festlegungen verzichtet werden kann und die Chance zu einer thematisch offenen, die Erfahrungen und Fragestellungen Jugendlicher ernst nehmenden dialogischen Praxis besteht.

Außerschulische Bildung als subjektorientierte gesellschaftspolitische Bildung

Mit der Betonung von thematischer Offenheit, Subjektorientierung und dem dialogischen Charakter von Bildungsprozessen setzt sich außerschulische Bildung dem Verdacht aus, sich der Aufgabe zu entziehen, Jugendlichen unverzichtbare Lerninhalte zuzumuten und sich auf die Rolle des sympathisierenden Erwachsenen zurückzuziehen, der sich potenziell konflikthaften Auseinandersetzungen verweigert. Demgegenüber ist es m.E. wichtig zu betonen, dass eine pädagogisch verantwortbare politische Bildungspraxis nicht auf den Versuch verzichten kann, thematische Impulse zu setzen und zu einer ernsthaften Auseinandersetzung mit solchen Themen aufzufordern, die in den Alltagskommunikationen Jugendlicher eher beiläufig angesprochen werden. Dies gilt insbesondere dann, wenn sich problematische – etwa fremdenfeindliche, nationalistische, antisemitische und rassistische – Positionierungen andeuten. Zudem schließt eine dialogische Orientierung nicht aus, dass Pädagoginnen und Pädagogen eigene Überzeugungen darlegen und begründen sowie in der Lage sind, Differenzen zwischen sich selbst und Jugendlichen zuzulassen und auszuhalten. Im Gegenteil gilt: In ernsthaften Dialogen ist es erforderlich, eine Position transparent zu machen und für die kritische Hinterfragung anzubieten.

Gleichwohl kann nicht von einem Grundverständnis schulischer und außerschulischer politischer Jugendbildung ausgegangen werden, das die eigene Aufgabenstellung als Aufklärung Unwissender und/oder als moralische Erziehung von Individuen mit unklaren oder problematischen moralischen Grundüberzeugungen bestimmt. Denn eine solche Prämisse verstellt erstens den Blick auf Überzeugungen und Interessen unter Jugendlichen, die für eine demokratisch und menschenrechtlich orientierte politische Bildung durchaus anschlussfähig sind, die also unterstützt, bestärkt und qualifiziert werden können. Zweitens impliziert sie eine Entwertung und didaktische Instrumentalisierung der Erfahrungen und der Dialogbereitschaft Jugendlicher, die nur dann legitimierbar ist, wenn eine fraglos-objektive Richtigkeit und Gültigkeit eigener Gewissheiten gesichert und in der Folge Wissens- und Wertevermittlung als pädagogische Programmatik legitimierbar wäre. Drittens ist zu berücksichtigen, dass eine über die Reproduktion in Prüfungen hinausgehende subjektive Aneignung von Wissen und Moral nicht erzwungen werden kann. Darauf ausgerichtete Versuche stehen viertens immer in der Gefahr, kontraproduktive Widerstände hervorzurufen, die Klaus Holzkamp (1994, 14) wie folgt beschrieben hat:

> „Ihre Vorurteile, ihre Einstellungen, also sie selbst sollen geändert werden. Dies bedeutet aber, dass (...) das traditionelle konservative Postulat der Asymmetrie zwischen der Position des allwissenden Lehrers als Subjekt pädagogischer Einwirkungen und der Position der unmündigen, kognitiv und moralisch verbesserungswürdigen SchülerInnen als Objekt dieser Einwirkungen (...) befestigt wird. (...) So kommt es in dieser Konstellation zu einem permanenten, mehr oder weniger verdeckten Kampf zwischen dem Lehrer, der den Zu-Erziehenden ihre (...) Vorurteile ausreden will, und den SchülerInnen," (...)."

Für schulische Kontexte lassen sich vielfältige Formen beschreiben, in denen solche Kämpfe offen und verdeckt ausgetragen werden – vielfach mit der für Lehrerinnen und Lehrern ernüchternden Folge, dass Schüler ihnen deutliche Abgrenzungen zwischen dem, was sie für die Schule lernen, und den eigenen persönlichen Überzeugungen signalisieren oder aber demonstratives Desinteresse an schulischer Bildung kommunizieren.

Die riskante Chance subjektorientierter Bildung liegt demgegenüber darin, politische Bildung als einen dialogischen und prinzipiell ergebnisoffenen Prozess der Selbstbildung zu konzipieren, der auf den Versuch verzichtet, möglichst einzugrenzen, was zur Sprache kommen kann und was gelernt werden kann und soll. Eine so verstandene Bildungspraxis zielt darauf, Lern- und Reflexionsprozesse zu ermöglichen und anzustoßen, aber nicht, durch gezielte Einflussnahme zu erzwingen. Dabei wird davon ausgegangen, dass es in Bildungsprozessen zentral darauf ankommt, in eine solche Auseinandersetzung über Erfahrungen und Sichtweisen einzutreten, die anerkennt, dass Jugendliche sich selbst als politisch und moralisch urteilsfähige Individuen begreifen und subjektiv gute Gründe haben, diejenigen Positionen einzunehmen, die sie beziehen. Bildungsprozesse sind folglich darauf verwiesen, Jugendlichen Möglichkeiten anzubieten, ihre politischen und moralischen Überzeugungen in einer Weise zu überprüfen und ggf. zu verändern, die als subjektiv zugängliche und anstrebenswerte Chance erlebt werden kann – also nicht als Zwang oder Zumutung, sich das Wissen und die Überzeugungen jeweiliger Pädagoginnen und Pädagogen zu eigen zu machen.

Notwendiger Ausgangspunkt subjektorientierter und dialogischer Bildungsarbeit sind deshalb Prozesse, in denen Jugendliche sich selbst in Auseinandersetzung mit – in ihren sozialen Milieus, in Gleichaltrigengruppen und in den Massenmedien – gesellschaftlich zirkulierenden Informationen und Deutungsangeboten ihnen begründet und plausibel erscheinende Sichtweisen aneignen, die es ihnen erlauben, die für sie bedeutsamen alltäglichen Erfahrungen sowie für sie interessante gesellschaftliche Sachverhalte und Entwicklungen zu verstehen. Ziel ist die Befähigung zu solchen Interpretationen und Interessenartikulationen, denen ein möglichst informiertes Verständnis gesellschaftspolitischer Sachverhalte zu Grunde liegt und die in Distanz gehen zu Ideologien, Vorurteilen und Feindbildern.

Jugendarbeit als Ort gesellschaftspolitischer Bildung?

Zwischen solchen inhaltlichen Zielsetzungen und den methodischen Prinzipien außerschulischer Bildung besteht ein nicht beliebiger Zusammenhang: Wie zahlreiche Studien zur politischen Sozialisation seit der klassischen Autoritarismusforschung nachgewiesen haben, besteht eine Interdependenz zwischen (1) der Erfahrung autoritativ-hierarchischer oder aber partizipativer Struktur in lebensweltlichen Sozialzusammenhängen, (2) der Entwicklung von Handlungsdispositionen bzw. Persönlichkeitsstrukturen und (3) Affinitäten im Verhältnis zu politischen Ideologien und Programmen (siehe etwa Claußen/Geißler 1996). Gesellschaftspolitische Bildung geschieht folglich nicht erst dann, wenn eine explizite Auseinandersetzung mit Themen des politischen Diskurses erfolgt, wenn mit Jugendlichen also – spontan oder in didaktisch geplanten Arrangements – etwa über die Ursachen von Arbeitslosigkeit, den Sinn oder Unsinn von Wahlenthaltungen und die Einwanderungspolitik der Bundesregierung diskutiert wird. Der Beitrag der Jugendarbeit zur politischen Bildung kann vielmehr darüber hinaus darin gesehen werden, dass sie zur Entwicklung Jugendlicher zu eigensinnigen und eigenverantwortlichen, selbstbewussten und selbstbestimmungsfähigen Subjekten beiträgt, die in der Lage sind, ihre eigenen Bedürfnisse und Interessen zu artikulieren und sich in Kontroversen und Konflikten mit anderen argumentativ auseinander zu setzen. Jugendarbeit ist so betrachtet potenziell[1] ein geradezu idealer Ort der Erfahrung von Demokratie als einer Lebensform, die sich dadurch auszeichnet, dass soziales Zusammenleben unter der Prämisse der Gleichberechtigung organisiert wird, Regeln zwischen den Beteiligten ausgehandelt werden sowie Verständigung über gemeinsame Interessen und Konflikte erfolgt. Nicht nur zwischen Schulen und Jugendarbeit, sondern auch innerhalb der Jugendarbeit selbst werden diese beiden Aspekte unterschiedlich gewichtet: Während in der klassischen politischen Jugendbildung der sachhaltigen Auseinandersetzung mit bestimmten Inhalten vorrangige Bedeutung zugemessen wird, setzen die offene Jugendarbeit und gruppenpädagogische Konzepte den Akzent auf thematisch unspezifische Lernprozesse, die sich aus der Struktur des pädagogischen Arrangements ergeben.

Nahegelegt wird ein solches Verständnis von Jugendpädagogik als erfahrungsorientiertes Lernen auch durch das – auch in der Zusammenarbeit mit Schulen möglichst zu gewährleistende – Strukturprinzip „Freiwilligkeit der Teilnahme". Durch den Verzicht darauf, Teilnahme und Lernprozesse durch Sanktionen zu erzwingen, sind die Praktikerinnen und Praktiker der außerschulischen Jugendarbeit – also der offenen Jugendarbeit, der Jugendverbandsarbeit und der politischen Jugendbildung im engeren Sinne des Begriffs –, ob sie dies wollen oder nicht, darauf verwiesen, solche Angebote zu entwickeln, deren Sinn und Gebrauchswert Jugendlichen einsichtig ist.

Dass dies wiederkehrend gelingt, kann vor allem auf vier Sachverhalte zurückgeführt werden:

- Zum einen ist sind die Angebote der Jugendarbeit für solche Jugendliche attraktiv, die aus Altersgründen, aus Gründen der sozioökonomischen Benachteiligung oder aufgrund ihrer jugendkulturellen Orientierung nach nicht-kommerzialisierten Freiräumen suchen, in denen sie sich mit Gleichaltrigen treffen, bei Bedarf sozialpädagogische Hilfen in Anspruch nehmen können oder aber Unterstützung bei der Durchführung selbstinitiierter sportlicher, kultureller und ggf. politischer Aktivitäten finden.
- Zweitens finden Jugendliche in der Jugendarbeit vielfältige Bildungs- und Beratungsangebote vor, in denen die sie interessierenden Fragen in unterschiedlichen Formen zum Gegenstand von Diskussionen und Reflexionen werden – vom Gespräch über Aspekte des Geschlechterverhältnisses, etwa in Mädchen- und Jungengruppen, über Seminare zur beruflichen Orientierung bis hin zu Video- und Theaterprojekten, in denen die Situation auf dem Lehrstellenmarkt oder Diskriminierungserfahrungen von Jugendlichen mit Migrationshintergrund thematisiert werden.
- Drittens treffen Jugendliche in der Jugendarbeit auf Erwachsene, die auf jugendtypische Verhaltensmuster in der Regel nicht mit Unverständnis, Ablehnung und Sanktionen, sondern mit Kommunikationsbereitschaft auf der Grundlage einer prinzipiellen Anerkennung des Rechts Jugendlicher reagieren, ihre Bedürfnisse, Interessen und Probleme in ihnen angemessenen Formen zu artikulieren.
- Viertens bietet Jugendarbeit für Jugendliche spezifische Lerngelegenheiten, die von ihnen auch als solche wahrgenommen und beschrieben werden: insbesondere die Chance, in weitgehend selbstverantworteten Projekten eigene Fähigkeiten zu erproben und zu entwickeln sowie Erfahrungen mit dem eigenverantwortlichen Umgang mit Differenzen und Konflikten erwerben zu können.

Jugendarbeit insgesamt ist so betrachtet keineswegs als politische Bildung im engeren Sinne des Begriffs, d.h. als bewusste Auseinandersetzung mit Themen des gesellschaftspolitischen Diskurses zu charakterisieren. Gleichwohl ist ihr gesetzlich der Auftrag zugewiesen, eigenständige genuin politische Bildungsangebote bereit zu stellen, in denen ein breites Spektrum unterschiedlicher Positionen zum Tragen kommt. Entsprechend sollte die Aufgabe außerschulischer Jugendbildung nicht auf soziales Lernen, Trainingskurse und sozialarbeiterische Hilfen verkürzt werden, also auf Dienstleistungen, die für Schulen funktional sind. Denn außerschulische Bildung hat auch im Kernbereich genuin politischer Bildung eine eigenständige Qualität und nachweisbare Stärken. So hat die außerschulische Jugendarbeit in Reaktion auf die Entwicklung des jugendlichen Rechtsextremismus in den 1990er Jahren nachgewiesen, dass sie über Institutionen und Fachkräfte verfügt, die in der Lage sind, auf je aktuelle politische Themen und Problemlagen mit vielfältigen und qualifizierten Konzepten zu reagieren. Ihr Beitrag zur gesellschaftspolitischen Bildung besteht jedoch nicht „nur" in den vielfältigen Angeboten einer solchen politischen Bildung, in denen aktuell mit Haupt- und Berufsschulklassen, mit in verbandlichen Gruppen organisierten Jugendlichen oder mit Teilnehmerinnen und Teilnehmern, die sich auf der Basis offener Ausschreibungen zu Seminaren zusammenfinden, genuin politische Themen bearbeitet werden. Darüber hinaus stellt die Jugendarbeit insgesamt ein exemplarisches Lernfeld für die Zivilgesellschaft dar – und nicht nur, wie immer wieder vermutet wird, einen Beitrag zur sozialpädagogischen Betreuung von Rand- und Problemgruppen.

Dies gilt auch für einen weiteren, aktuell hoch bedeutsamen Aspekt, der bereits für das bei John Dewey entwickelte Verständnis von Demokratie als Lebensform von zentraler Bedeutung ist. Demokratie als Lebensform setzt Dewey zufolge „den Niederbruch jener Schranken zwischen Klassen, Rassen und nationalen Gebieten, die es den Menschen unmöglich machten, die volle Tragweite ihrer Handlungen zu erkennen" (Dewey 1916/1993), voraus. Demokratie als „eine Form des Zusammenlebens" ist demnach dadurch gekennzeichnet, dass alle, die in einen staatlich-politischen Vergesellschaftungszusammenhang einbezogen sind, sich wechselseitig als politische Subjekte anerkennen und bereit sind, das eigene „Handeln zu dem anderer in Beziehung zu setzen" (ebd.). Klassen- und Schichtungsstrukturen und soziale Abgrenzungen entlang der Kategorien Kultur, Religion, Ethnie und Nationalität, die als Einschränkungen solcher Anerkennung wirksam werden, sind so betrachtet in einer demokratietheoretischen Perspektive nicht „nur" deshalb problematisch, weil sie mit sozialen Benachteiligungen einhergehen, sondern als Begrenzungen der Reichweite des demokratischen Erfahrungs- und Kommunikationszusammenhanges.

Der tradierte Anspruch[2] der außerschulischen Jugendarbeit, die Kommunikation und Kooperation zwischen Jugendlichen unterschiedlicher sozialer Herkunft zu ermöglichen, gewinnt so betrachtet unter Bedingungen der modernen, kulturell pluralisierten Einwanderungsgesellschaft eine erneute und veränderte Bedeutung. Ein möglicher Beitrag der außerschulischen Jugendbildung zur Demokratisierung der Einwanderungsgesellschaft ist darin zu sehen, dass sie einerseits benachteiligten und marginalisierten Jugendlichen zur politischen Artikulation ihrer Problemlagen und Interessen befähigt und andererseits dazu beiträgt, dass in den Kontexten der Jugendarbeit die Abgrenzungen überwunden werden, denen sozioökonomische Ungleichheiten sowie Formen sozialer Distanzierung zwischen Einheimischen und Migranten, Etablierten und Außenseitern, Privilegierten und Marginalisierten zu Grunde liegen. Wenn Jugendliche in der außerschulischen Jugendbildung die Erfahrung erwerben können, dass gesellschaftliche Strukturierungen in soziale Klassen, Schichten, Milieus, Nationalitäten und Ethnien keine Grenzen der Verständigungsbereitschaft und der Kooperation markieren, dann stellt dies zweifellos einen wichtigen Beitrag zur Entwicklung von Demokratie als Lebensform dar in einer Einwanderungsgesellschaft, in der sich soziale Ungleichheiten in absehbarer Zeit deshalb eher verfestigen und verstärken werden, weil Sozialleistungen abgebaut werden und die Idee der Chancengleichheit keineswegs als politische Leitorientierung fungiert.

Anmerkungen

1 Praxisberichte, Beobachtungen und Studien weisen darauf hin, dass diese Möglichkeiten in der Praxis keineswegs durchgängig offensiv genutzt werden. Dies hängt zusammen mit der vielfach schlechten sachlichen und personellen Ausstattung der Einrichtungen, mit der zu geringen Verankerung einer Qualifizierung für die Jugendarbeit als Bildungspraxis in den Ausbildungsgängen an Berufsakademien und Fachhochschulen sowie mit dem politischen Interesse, die Ressourcen der Jugendarbeit für sozialpolitische und kriminalpräventive Zwecke zu instrumentalisieren. Darauf kann hier nicht näher eingegangen werden.

2 Ein Feld, auf dem dieser Anspruch auch aktuell nach wie vor leitend für die Praxis ist, ist das der internationalen Jugendbegegnungen (siehe dazu Thimmel 2002). Dagegen ist in der offenen Jugendarbeit, insbesondere in städtischen Kontexten, zu beobachten, dass sich Abgrenzungsprozesse zwischen Jugendszenen in der Jugendarbeit reproduzieren, ohne dass dies von den zuständigen Pädagoginnen und Pädagogen durchgängig als Problem wahrgenommen wird.

Literatur

Bromme, Rainer/Haag, Ludwig 2004: Forschung zur Lehrerpersönlichkeit. In: Helsper, Werner/Böhme, Jeanette (Hrsg.): Handbuch der Schulforschung. Wiesbaden, S. 777-794

Claußen, Bernhard/Geißler, Rainer (Hrsg.) 1996: Die Politisierung des Menschen. Instanzen der politischen Sozialisation, Opladen

Dewey, John 1916/1999: Demokratie und Erziehung. Weinheim/Basel

Fechler, Bernd 2006: Antisemitismus im globalisierten Klassenzimmer. In: Fritz Bauer Institut/Jugendbegegnungsstätte Anne Frank (Hrsg.): Neue Judenfeindschaft? Frankfurt/M./New York, S. 187-209

Himmelmann, Gerhard 2002: Anerkennung und Demokratie-Lernen bei John Dewey. In: Hafeneger, Benno/Henkenborg, Peter/Scherr, Albert (Hrsg.): Pädagogik der Anerkennung, Schwalbach/Ts., S. 63-79

Holzkamp, Klaus 1993: Lernen. Eine subjektwissenschaftliche Grundlegung, Frankfurt/New York

Holzkamp, Klaus 1994: Antirassistische Erziehung als Änderung rassistischer „Einstellungen?" – Funktionskritik und subjektwissenschaftliche Alternative. In: Siegfried Jäger (Hrsg.): Antirassistische Praxen, Duisburg, S. 8-29

Hormel, Ulrike/Scherr, Albert 2004: Bildung für die Einwanderungsgesellschaft, Wiesbaden

Hornstein, Walter 1991: Der Gestaltwandel des Politischen und die Aufgaben der politischen Bildung. In: Wilhelm Heitmeyer & Juliane Jacobi (Hrsg.): Politische Sozialisation und Individualisierung, Weinheim und München, S. 199-228

Kolbe, Fritz-Ulrich/Combe, Arno 2004: Lehrerbildung. In: Helsper, Werner/Böhme, Jeanette (Hrsg.): Handbuch der Schulforschung, Wiesbaden, S. 853-880

Kössler, Gottfried 2006: Antisemitismus als Thema im schulischen Kontext. In: Fritz Bauer Institut/Jugendbegegnungsstätte Anne Frank (Hrsg.): Neue Judenfeindschaft? Frankfurt/M./New York, S. 172-186

Massing, Peter 2001: Demokratietheoretische Grundlagen der politischen Bildung. In: Butterwegge, Christoph/Hentges, Gudrun (Hrsg.): Politische Bildung und Globalisierung, Opladen, S. 25-44

Müller, Burkhard K. 1993: Außerschulische Jugendbildung oder: Warum versteckt Jugendarbeit ihren Bildungsanspruch? in: deutsche jugend, Heft 7-8/1993, S. 310-319

Müller, Burkhard K. 1996: Konzepte des Pädagogischen in der Jugendarbeit. In: Deinet, Ulrich/Sturzenecker, Benedikt (Hrsg.): Konzepte entwickeln, Weinheim und München, S. 226-239

Münchmeier, Richard/Otto, Hans-Uwe/Rabe-Kleberg, Ursula (Hrsg.) 2002: Bildung und Lebenskompetenz, Opladen

Oevermann, Ulrich 2003: Zur Behinderung pädagogischer Arbeitsbündnisse durch die Schulpflicht. In: Rihm, Thomas (Hrsg.): Schulentwicklung durch Lerngruppen, Opladen, S. 69-96

Pohl, Kerstin 2004: Demokratie-Lernen als Aufgabe des Politikunterrichts? In: Breit, Gotthard /Schiele, Siegfried (Hrsg.): Demokratie braucht politische Bildung, Schwalbach/Ts., S. 166-180

Rucht, Dieter/Roth, Roland 2000: Jugendproteste in der Bundesrepublik. In: Dies. (Hrsg.): Jugendkulturen, Politik und Protest, Opladen, S. 283-304

Scherr, Albert 1995: Soziale Identitäten Jugendlicher, Opladen

Scherr, Albert 1997: Subjektorientierte Jugendarbeit. Weinheim/München

Scherr, Albert 2000: Emanzipatorische Bildung des Subjekts. Anmerkungen zur aktuellen Diskussion um eine Theorie der Jugendarbeit. In: deutsche jugend, H.5, S. 203-208

Scherr, Albert 2002: Der Bildungsauftrag der Jugendarbeit. In: Münchmeier, Rainer/ Otto, Hans-Uwe/Rabe-Kleberg, Ursula (Hrsg.): Bildung und Lebenskompetenz, Opladen, S. 93-106

Scherr, Albert 2004: Subjektbildung. In: Otto, Hans-Uwe/Coelen, Thomas (Hrsg.): Grundbegriffe zur Ganztagsbildung. Beiträge zu einem neuen Bildungsverständnis in der Wissensgesellschaft, Wiesbaden, S. 85-98

Scherr, Albert/Schäuble, Barbara 2006: „Ich habe nichts gegen Juden, aber..." Widersprüchliche und fragmentarische Formen von Antisemitismus in heterogenen Jugendszenen. In: Fritz Bauer Institut/Jugendbegegnungsstätte Anne Frank (Hrsg.): Neue Judenfeindschaft? Jahrbuch 2006 zur Geschichte und Wirkung des Holocaust, Frankfurt/M./New York 2006, S. 51-79

Scherr, Albert/Schäuble, Barbara 2007: „Ich habe nichts gegen Juden, aber ...". Ausgangsbedingungen und Perspektiven gesellschaftspolitischer Bildungsarbeit gegen Antisemitismus, Berlin

Thimmel, Andreas 2002: Pädagogik der internationalen Jugendarbeit, Schwalbach/Ts.

Heinz-Jürgen Stolz

Zwischen Aktivierung und Normalisierung: Politische Jugendbildung in der Ganztagsschule

Der schnelle – womöglich auch etwas überhitzte – Ausbau vor allem der offenen Ganztagsschulform stellt die darin involvierten außerschulischen Partner vor das Problem, sich reflektierter und systembezogener als es bislang vielleicht nötig erschien, mit der Institution Schule auseinander zu setzen. Anders als viele andere Segmente der Kinder- und Jugendhilfe (z.B. die Offene Kinder- und Jugendarbeit) kann die politische Jugendbildung dabei auf eine lange Erfahrung in der bildungsbezogenen Kooperation mit Schule zurückgreifen; nicht zuletzt existiert mit dem Politikunterricht ja auch ein thematisch eng verwandtes Schulfach. Dies macht die Aufgabe der Selbstvergewisserung in der politischen Jugendbildung aber nun keineswegs leichter, sondern eher noch komplizierter.

In diesem Beitrag gehe ich davon aus, dass sich jede fachpolitische und fachlich-pädagogische Verortung der politischen Jugendbildung in Kooperation mit Ganztagsschule zunächst einmal der eigenen Grundbegrifflichkeit – also dem Rekurs auf das Politische, dem Subjektbezug auf Jugendliche und dem eigenen Bildungsverständnis – vergewissern muss. Auf der Basis einiger Resultate der aktuellen Jugendforschung wird im Hinblick auf die Wahrung und Entwicklung der eigenständigen Qualität politischer Jugendbildung im Ganztag ein Orientierungsrahmen zur Diskussion gestellt.

Begriffsklärungen: Das Politische in der politischen Jugendbildung

Wie bereits erwähnt, findet die Auseinandersetzung der Jugendbildung mit der Dimension des Politischen ihr Korrelat in einem scheinbar gleichermaßen orientierten Unterrichtsfach. Im Politikunterricht werden Jugendliche allerdings in ihrer Schülerrolle objektiviert, wobei es im Kerngeschäft um die kognitive Wissensvermittlung in Bezug auf politische Systeme und die sie tragenden ideologischen Legitimationsfiguren geht. Die politische Jugendbildung hat demgegenüber die Aufgabe, Kinder und Jugendliche als (potenzielle) Akteure im politischen Prozess zu adressieren, wodurch sich bereits im Ansatz ein ganz anders strukturiertes Lehr-Lernverhältnis ergibt, das sich annäherungsweise vielleicht eher prioritär mit dem Lernziel der Aktivierung als dem der kognitiven Wissensvermittlung bezeichnen lässt. Die politische Jugendbildung muss dabei zudem insofern eine kritische Perspektive einnehmen, als sie die Motivierung ihrer Klientel zu politischer Partizipation und Selbstorganisation vor dem Hintergrund der zugleich ermöglichenden wie beschränkenden Bedingungen formal-demokratisch verfasster staatlicher Herrschaftsverbände (Max Weber) zu thematisieren hat. Herrschaft schränkt die Möglichkeiten von Subjekten, per kollektiv koordiniertem Handeln Selbstwirksamkeitserfahrungen zu machen, in spezifischer Weise ein, schließt letztere aber nicht aus. Politische Jugendbildung muss zur Nutzung entsprechender Spielräume befähigen, aber auch die systembezogenen Grenzen thematisieren.

Im politischen Engagement werden Jugendliche als handlungsfähige Subjekte unterstellt, welche in Situationen mit Ernstcharakter zugleich motivational wie auch kognitiv involviert sind und dabei eigene materiale Interessen vertreten. Politische Jugendbildung sollte diesen Prozess aktivierend, kritisch und qualifizierend begleiten. Nur in diesem Rahmen kommt der kognitiven Wissensvermittlung eine pragmatische Funktion im Bildungssetting zu. Damit ist politische Jugendbildung auf bildungstheoretischer Ebene bereits hinreichend vom Politikunterricht abgegrenzt.

Der Subjektbezug in der politischen Jugendbildung

Politische Jugendbildung hat es faktisch nicht mit voll entwickelten Subjekten, sondern mit Subjektivierung als Prozess zu tun. Sie unterstützt diesen ergebnisoffen („Überwältigungsverbot“[1]) zu konzipierenden „Selbstbildungsprozess“ von Jugendlichen durch aktives Anknüpfen an alltagsweltliche Horizonte und Dispositionen. Ihre Bildungssettings sind in Bezug auf ihre Klientel durch-aus asymmetrisch verfasst: Wie jegliche Pädagogik unterstellt auch sie ihrer Klientel als Entwicklungsanreiz mehr subjektive Autonomie, als diese bereits entfaltet hat.

Politische Jugendbildung hat dabei – wie jegliche Pädagogik – einen gesellschaftlichen Normalisierungsauftrag zu erfüllen, d.h. sie unterstützt die Subjektbildung ihrer Klientel keineswegs in jedweder Form, sondern hält sich im Rahmen der Förderung gesellschaftlich legitimer Formen von Subjektivierung. So kann sie z.B. nicht zum Rechtsbruch und zu militanten politischen Strategien ermutigen, und auch die Grauzone des gewaltfreien zivilen Ungehorsams ist für jegliche öffentlich geförderte Bildungsinstitution ein äußerst dünnes Eis. Professionelle Autonomie drückt sich in der politischen Jugendbildung daher in der reflektierten Auslegung – nicht in der Leugnung – des eigenen institutionellen Normalisierungsauftrags aus und geht auch damit über den primären Qualifizierungsauftrag schulisch-politischer Bildung hinaus.

Subjektivierung als Konstitutionsprozess politischer Mündigkeit muss in der Jugendbildung aus den konkreten, herrschaftsförmig strukturierten (z.B. sozial segregierten) lebensweltlichen und sozialräumlichen Aneignungskontexten heraus verstanden und aktivierend begleitet werden – diese Genese des Politischen in den herrschaftsförmig formierten Lebenswelten sowie die darauf gegründeten Interessensartikulationen von Jugendlichen bilden zugleich den Nährboden wie auch den fachlich unhintergehbaren Horizont der politischen Jugendbildung.

Das Bildende in der politischen Jugendbildung

Der Bildungsauftrag politischer Jugendbildung besteht zunächst einmal darin, die politische Dimension bereits existenter Aneignungspraktiken von Kindern und Jugendlichen mit diesen gemeinsam zu erkunden und in Interessens- und demokratische Willensbildungsprozesse zu übersetzen. Jugendbildung sollte dabei ressourcenorientiert ansetzen: Sie „bekämpft" dann z.B. nicht das mangelnde formaldemokratische Engagement von Jugendlichen, sondern geht davon aus, dass diese für ihre Zurückhaltung gute Gründe haben, die im Kern vermutlich darin zu suchen sind, dass im formaldemokratisch strukturierten politischen Prozess zu wenig Möglichkeiten gesehen werden, eigene Interessen zu artikulieren und Selbstwirksamkeitserfahrungen per kollektiv organisierter Artikulation zu machen.

Aber auch im Rahmen von Bürgerinitiativen und sozialen Bewegungen werden Selbstwirksamkeitserfahrungen nur begrenzt möglich. Nichtbegründungsfähige, herrschaftlich gesetzte Strukturierungslogiken und Grenzen gemeinschaftlicher Selbstbildung behalten auch im Settings der politischen Selbstorganisation ihre prägende Kraft: Armut, Diskriminierung durch Ethnisierung, Sexismus, Rassismus oder Behindertenfeindlichkeit bezeichnen solche Grenzlinien. Politische Jugendbildung hat dabei verstärkt darauf zu achten, dass sie diese herrschaftsförmigen Spaltungslinien in Bezug auf ihre Klientel nicht nur als Restriktionen des eigenen (potenziellen) politischen Engagements thematisiert, sondern darüber hinaus auch in Rechnung stellt, dass diese Herrschaftsförmigkeit sich in die Subjektivierung und in den lebensweltlichen Kontext von Jugendlichen einschreibt, was sich z.B. in vielen Jugendkulturen in diskriminierenden Verkehrs- und Sprachformen niederschlägt. Politische Bildung darf sich ganz generell in dieser gesellschaftlichen Konstellation nicht auf kognitiv-sprachlich strukturierte Aufklärung beschränken, sondern hat darüber hinaus – und vor allem – Gelegenheitsstrukturen bereitzustellen, die dann in einem Ko-Konstruktionsprozess von Fachkräften und Kindern/Jugendlichen nutzbar gemacht werden können.

Nicht zuletzt in der Kooperation mit Schule sollten dabei vor allem sozial durchmischte Bildungssettings konstituiert werden, in denen der Umgang mit Diversität und Heterogenität kein Selbstzweck ist, sondern als Basis einer themenzentrierten kollektiven Interessenartikulation dient. Alle Formen von Jugendarbeit und Jugendbildung leiden unter Selbstselektionsprozessen in der Form, dass sich die jeweilige Klientel sozial entmischt;[2] dies ist die Schattenseite des Freiwilligkeitsprinzips. Die Kooperation mit Schulen ist daher vor allem im Falle der Konstitution schul- und schulformübergreifend strukturierter Bildungssettings ein Königsweg, um potenziell alle Kinder und Jugendlichen zu erreichen und so die eigenen institutionellen Selbstselektionsprozesse zu relativieren.

Impressionen aus der aktuellen Jugendforschung

Wenn sich politische Jugendbildung also dadurch im Kern vom Politikunterricht unterscheidet, dass sie a) an den lebensweltlich formierten Interessen von Jugendlichen ansetzt, b) Möglichkeiten, aber auch Grenzen der politischen Partizipation und Selbstorganisation von Jugendlichen im Kontext eines staatlichen Herrschaftsverbandes thematisiert und zur diesbezüglichen Kritikfähigkeit der sich heranbildenden politischen Subjekte beiträgt und c) das Spannungsverhältnis zwischen ihrem gesellschaftlichen Normalisierungsauftrag und den Artikulationsformen ihrer Klientel professionell reflektiert, so muss sie sich u.a. auch des jeweils aktuellen Standes der Jugendforschung vergewissern, anstatt einem möglicherweise überkommenen Partizipationskonzept aufzusitzen. Im Rahmen dieses Beitrags muss ich mich darauf beschränken, einige kurze Schlaglichter auf aktuelle Forschungsbefunde zu werfen, um zumindest andeutungsweise zu skizzieren, wo politische Jugendbildung ansetzen könnte. Damit wird nur eine Agenda umrissen, die wesentlich detaillierter und breiter auszubuchstabieren wäre.

Ein für die Einschätzung der politischen Handlungsdispositionen Jugendlicher zentraler Befund kann so pointiert werden, dass die neue „pragmatische" Jugendgeneration (Hurrelmann/Albert/TNS-Infratest Sozialforschung 2006) Pragmatismus nicht in Einzelkämpfertum, sondern in „Interessenorientierung" übersetzt – Jugendliche sind in der Bevölkerung z.B. ungebrochen die am stärksten freiwillig engagierte Altersgruppe (Freiwilligensurvey 2004). Alle empirischen Befunde stimmen darin überein, dass auch der durchaus als steigend empfundene gesellschaftliche Druck (etwa auf dem Ausbildungs- und Stellenmarkt) nicht dazu führt, dass Jugendliche sich weniger sozial engagieren. Auch wird dieses Engagement nicht ausschließlich oder vorwiegend dazu instrumentalisiert, andere – z.B. berufliche – Ziele zu erreichen, vielmehr kann von einer überwiegend auf subjektiven Interessen gegründeten, und insofern intrinsischen Motivation ausgegangen werden. Auch weltanschauliche (politische oder religiöse) Bindungen werden mehr und mehr dieser subjektiven Interessenorientierung subsumiert, eine langfristige Identifikation mit entsprechenden Institutionen (Kirchen, Jugendverbände, Parteien u.a.) findet immer seltener statt. Institutionen gelten eher als „Gelegenheitsstrukturen", die man verlässt, wenn sie zum eigenen Lebensentwurf nicht mehr passen. Partizipation wird demnach nicht mehr „erkämpft",[3] vielmehr werden im Zweifelsfall andere Orte des Engagements aufgesucht.

Damit einhergehend zeigt sich, dass Jugendliche zwar weiterhin vor allem in (Sport-)Vereinen engagiert sind, daneben aber befristete projekt- und initiativförmige Aktivitätsformen zunehmend an Bedeutung gewinnen. Diese schwach organisierten Angebotsformen fanden 2004 bereits zu einem Drittel am Lernort Schule statt. Während also der Umfang des freiwilligen Engagements von Jugendlichem auch unter als schwieriger werdend empfundenen (Arbeitsmarkt-) Verhältnissen durchaus auf hohem Niveau stabil bleibt, kann das im engeren Sinne politische Engagement eigentlich kaum noch weiter sinken, da es schon fast auf dem Nullpunkt angelangt ist.

Eine vom Verfasser im Zuge der Erstellung der nationalen Bildungsberichterstattung (Konsortium Bildungsberichterstattung 2006) durchgeführte Re-Analyse von Datensätzen aus den beiden Freiwilligensurveys ergab für das Jahr 2004 im „Bereich Politik und politische Interessenvertretung (z.B. in einer Partei, im Gemeinderat oder Stadtrat, in politischen Initiativen oder Solidaritätsprojekten)" eine Engagementquote von nur noch 1 % der Jugendlichen zwischen 14 und 19 Jahren, bei einer zwischen 1999 und 2004 stark fallenden Tendenz. Dieser im Kern demokratiegefährdende Befund geht aber einher mit einer hohen Identifikation mit der demokratischen Staatsform.

Diese Globalbefunde der Jugendforschung können innerhalb der politischen Jugendbildung selbstverständlich so noch keine differenzierte Strategiebildung anleiten; dafür bedarf es wesentlich detaillierterer Analysen, die etwa zwischen schulbildungsnahen und schulbildungsfernen Milieus[4] oder auch zwischen Jugendlichen mit und ohne (einen zudem differenziert zu erfassenden) Migrationshintergrund unterscheiden. Auch diese Befunde liegen zum Teil ja bereits vor, können in dem zur Verfügung stehenden Rahmen dieses Beitrags aber nicht mehr ausgebreitet werden. Dennoch lassen sich auch auf allgemeiner Ebene bereits einige Schlussfolgerungen thesenförmig verdichten:

Jugendliche suchen ungebrochen stark soziale Kontexte des freiwilligen Engagements auf, in denen sie ihre subjektiven Interessen formieren und entsprechende Selbstwirksamkeitserfahrungen machen können. Wenn dies im politischen Engagement nicht mehr möglich erscheint, liegt das Problem ein-

Abb. D5-1: Freiwilliges Engagement der 14- bis 19-Jährigen in ausgewählten Tätigkeitsbereichen 1999 und 2004 (in %)

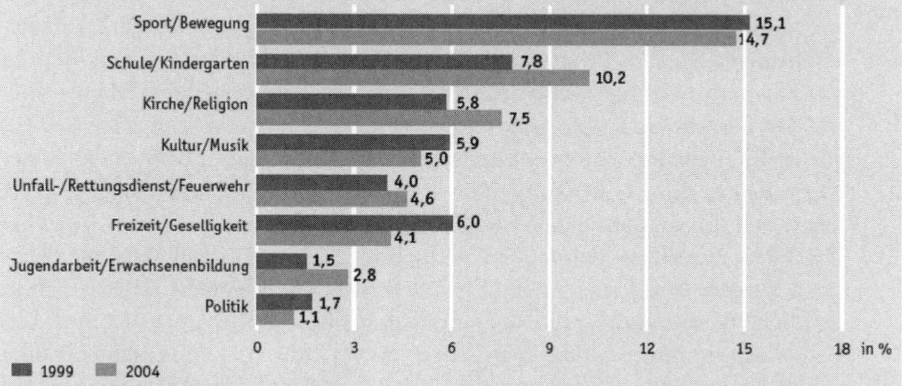

Quelle: Freiwilligensurvey 1999 und 2004; eigene Berechnungen

Quelle: Konsortium Bildungsberichterstattung 2006: Bildung in Deutschland. Ein indikatorengestützter Bericht mit einer Analyse zu Bildung und Migration. Bielefeld, S. 64

deutig und ausschließlich in den politischen Organisationsformen – oder möglicherweise eben auch in überkommenen Methoden der politischen Jugendbildung – und nicht bei den Jugendlichen selbst.

Jugendliche wachsen heute in einem postmodernen gesellschaftlichen Kontext auf, in dem für lebenslange Bindungen und Loyalitäten immer weniger Platz bleibt. Die politische Jugendbildung kann mit diesen säkularen Trends nur zurechtkommen, wenn sie sich selbst in verstärktem Maße grundlagentheoretisch[5] reflektiert und in Frage stellt: Wie kann politische Mündigkeit in einem formaldemokratisch verfassten Herrschaftsverband aussehen, in dessen Kontext die Bildung und Reproduktion stabiler und politisch artikulationsfähiger kollektiver Akteure immer unwahrscheinlicher wird? Wie kann ein politisches Engagement aussehen, das unter den Bedingungen einer fluktuierenden subjektiven Interessensorientierung zu gestalten ist?

Die „postmoderne" Entgrenzung von Lebensbereichen reflektiert sich auch in den weiter oben skizzierten empirischen Befunden deutlich: So findet, wie erwähnt, ein bedeutender und wachsender Anteil der von Jugendlichen immer häufiger bevorzugten schwach organisierten, projektförmigen Settings des freiwilligen Engagements ausgerechnet an einem Lern- und Lebensort statt, der hierarchischer und strikter organisiert kaum sein könnte: der Schule. Es ist mehr als nahe liegend, dass dieser Trend mit der Ausweitung schulischer Ganztagsangebote zusammenhängt.

Politische Bildung in der Ganztagsschule

Politische Jugendbildung sollte reflexiv am real existenten freiwilligen Engagement von Jugendlichen ansetzen, da diese hier wesentliche Selbstwirksamkeitserfahrungen machen. Eine solchermaßen sozusagen aufsuchende Jugendbildung wird dann notwendigerweise u.a. – und vermutlich in steigendem Maße – auch auf den Lernort Ganztagsschule stoßen, da gerade der Ganztag mit seiner „Zeit für mehr" vielfältige Anknüpfungspunkte für freiwilliges Engagement bietet. Diese Begründung einer Kooperation von Jugendbildung und Ganztagsschule speist sich also aus der eigenen Fachlichkeit heraus und nicht aus institutionellen Zwängen. Damit werden letztere nicht geleugnet und es soll auf diese Weise auch aus der Not keine Tugend gemacht werden. Vielmehr ist eine genuin fachliche Begründung der Kooperationsperspektive wichtig, um den professionellen Autonomieerhalt der politischen Jugendbildung in den entsprechenden ganztagsschulischen Bildungssettings zu gewährleisten. Das Anknüpfen an den subjektiven Interessen befähigt zudem nicht nur zur Durchführung konkreter Projekte im Ganztag, sondern kann auch Ansatzpunkt zur Unterstützung informeller Aneignungsbemühungen von Schülerinnen und Schülern im Hinblick auf den Lebensort Schule sein. Jugendbildung kann also auch (ganztags-)schulbezogene Demokratisierungs- und Aneignungsbewegungen von Schülerinnen und Schülern unterstützen, sei es in der Schule selbst, sei es an außerschulischen Lernorten. Materiale Aneignungsbestrebungen dieser Art können sich z.B. auf die (Um-)Gestaltung von Schulgelände und -räumlichkeiten beziehen, aber auch um konkrete Mit- und Selbstbestimmungsmöglichkeiten im schulischen Raum herum zentriert sein. In diesem entgrenzten Feld bietet sich u.a. auch der Einbezug von anderen Trägern außerschulischer Bildung an, etwa der offenen Kinder- und Jugendarbeit oder auch der Jugend- sowie der Schulsozialarbeit. Die Aneignungsprozesse von Jugendlichen verweisen zwar häufig auf „Schule als polis", überschreiten diesen Horizont aber auch in vielfältiger Weise. Dies muss dann auch in gleicher Weise für die Bildungssettings der Jugendbildung gelten.

Nicht jede schulbezogene Aktivität lässt sich als Ganztagsangebot organisieren, was gerade bei der Schüler/innenvertretungsarbeit – aber auch bei vielen Aktivitäten im Zusammenhang mit der quartiersbezogenen Öffnung von Schule – offenkundig wird. Die Entgrenzung von Schule zur Lebenswelt von Kindern und Jugendlichen ist also keineswegs ein Spezifikum von Ganztagsschule. Dennoch bedarf es auch innerhalb des Ganztagsbetriebs verstärkt einer Entgrenzung von Bildungssettings. Neben der Nutzung außerschulischer Lernorte sollte die Qualität politischer Jugendbildung im Ganztag dabei auch auf die Heterogenisierung von Lerngruppen sowie auf schul(form-)übergreifende Angebotsgestaltungen setzen. Wie bereits ausgeführt, bleiben die endemischen Spaltungslinien eines herrschaftsförmig verfassten Weltsystems (Wallerstein 1986, 1998, 2004) – also Rassismus, Sexismus, Klassenherrschaft und Diskriminierung von Minderheiten – den sich heranbildenden Subjekten nicht äußerlich, sondern schreiben sich vielmehr als Habitus (Bourdieu 1983, 1985, 1991, 1992) in ihre psycho-physischen Strukturen sowie in ihre sozialen Kommunikations- und Verkehrsformen ein. Soziale Durchmischung und Heterogenisierung von Bildungssettings sind ein probates Mittel zur Relativierung solcher Herrschaftsstrukturen und damit auch wesentliches Element einer umfassend verstandenen politischen Bildung. Jugendliche, die die Erfahrung gemacht haben, dass sich ihre konkreten, subjektiven Interessen auch in Gruppenkonstellationen formieren und artikulieren lassen, welche nicht ethnisch, geschlechterbezogen, nach Leistungsstand / Förderbedarf oder anderweitig homogenisiert sind, können diese Erfahrung zumindest prinzipiell auch kritisch auf ihre i.d.R. sozial entmischten Herkunftsmilieus zurückbeziehen.[6] Eine aktivierende, an den konkreten Interessen ihrer Klientel anschließende politische Jugendbildung kann auf dem Nährboden solchermaßen heterogenisierter Erfahrungsräume eine ganz andere Glaubwürdigkeit und Nachhaltigkeit gewinnen als im Kontext eines selber in höchstem Maße auf das sozialdarwinistische Prinzip des „survival of the fittest" gegründeten Schulsystems. Insofern kann und muss die Mobilisierung und Politisierung von Heterogenität in schulkooperationsbezogenen Bildungssettings der politischen Jugendbildung auch in ein systembedingtes Spannungsverhältnis zu einem auf Homogenisierung, Leistungsindividualisierung und Entsolidarisierung ausgerichteten Schulsystem geraten.

Die Tatsache, dass Jugendliche „Partizipation nicht mehr erkämpfen" und auch strikt organisierte Kontexte wie Schule zu Gelegenheitsstrukturen „umcodieren", kann optimistisch auch als subversiver, material-demokratischer Aneignungsprozess interpretiert werden. Nur in Ausnahmefällen wird sich dieser material-demokratische Aneignungsprozess des Lern- und Lebensortes (Ganztags-)Schule im Konsens mit Schulleitung und Lehrkörper vollziehen und in den Bahnen organisierter Schülervertretungen und Schülerparlamente bleiben. Eine „aufsuchende" politische Jugendbildung sollte diesen repräsentationalen Strukturen nicht mehr Bedeutung beimessen, als es ihre Klientel tut. Der Bedeutungsverlust formaldemokratisch-repräsentationaler Strukturen hat, wie gezeigt, seine Gründe darin, dass diese Strukturen keine ausreichenden Möglichkeiten zur Ausbildung von Selbstwirksamkeitserfahrungen bieten und zudem sozial höchst selektiv funktionieren. Es ist im Kern keine vordringliche Aufgabe der politischen Jugendbildung – sondern eher die der gesellschaftlichen Funktionseliten – die entsprechenden sozialen Schließungsmechanismen politischer Organisationsformen aufzubrechen. Die in diesem Beitrag in den Blick genommene Aktivierungsfunktion politischer Jugendbildung im Hinblick auf eine material-demokratische Interessensartikulation versteht sich von daher auch nicht als „Vorfeldarbeit“ mit dem „eigentlichen“ Ziel, Jugendliche für die Partizipation in Parteien, Verbänden und Gremien (wieder) zu gewinnen. Die Jugendlichen selbst sind vielmehr jene Expertinnen und Experten, welche Selbstwirksamkeitserfahrungen ermöglichende Kontexte des freiwilligen – auch des politischen – Engagements aufsuchen und Kontexte, die dies nicht in hinreichendem Umfang ermöglichen, eben meiden. Diese „Abstimmung mit den Füßen“ verweist, wie bereits betont, daher nicht auf politische Bildungsdefizite der Jugendlichen, sondern auf strukturelle Schwächen der gemiedenen politischen und kulturellen Organisationen.

Politische Jugendbildung muss demnach ihren gesellschaftlichen Normalisierungsauftrag neu überdenken: Weniger denn je verfügt sie über ein privilegiertes Wissen darüber, was „gelebte Demokratie“ künftig eigentlich noch heißen kann. Der hier vorgeschlagene „aufsuchende“ Zugang zur Klientel sollte also nicht als vordergründige Strategie verstanden werden, um an Jugendliche heran-zukommen, vielmehr kann sich die politische Jugendbildung durch die Aneignungsbewegungen der Jugendlichen selbst darüber belehren lassen, wo diese gegenwärtig Selbstwirksamkeitserfahrungen machen können und wo eben auch nicht.

Interessanterweise ist ausgerechnet (Ganztags-)Schule ein Ort, der dies aus Sicht vieler Jugendlicher in wachsendem Umfange zu ermöglichen scheint. In der Kooperation mit (Ganztags-)Schule ist die politische Jugendbildung allerdings auf eine (relativ!) demokratische Schulkultur angewiesen. Bitter nötig wäre ihr Beitrag aber gerade auch in Schulen mit weniger förderlichen Schulkulturen, vor allem im Bereich der Haupt- und Förderschulen. Um hier weiterzukommen, bedarf es neben einer gezielten Qualifizierung des Personals auch der Schaffung förderlicher Rahmenbedingungen auf den Ebenen der regionalen Bildungslandschaft. Auch die Umsetzung der angesprochenen schul(form)übergreifenden Bildungssettings im Ganztag lässt sich ohne eine lokal und inter-institutionell abgestimmte Bildungsplanung kaum realisieren. Die politische Jugendbildung sollte daher ein vitales Interesse an dem Zustandekommen lokaler oder regionaler Bildungslandschaften haben und eine schul- und schulformübergreifende Kooperation im Kontext lokaler Bildungsnetze mit vorantreiben.

Die pädagogische Arbeit in Bildungssettings mit weit streuenden individuellen Lernausgangsbedingungen – z.B. mit Gymnasiasten und Hauptschülern gemeinsam – erfordert spezifische Kompetenzen der Fach- und Lehrkräfte, welche in „Tandem“-Fortbildungen jener Praktikerinnen und Praktiker, die dann später auch im Setting gemeinsam arbeiten, erworben werden können.

Es bedarf des Weiteren einer intensiven Begleitforschung und Evaluation, die sich nicht auf die Ermittlung der Selbst- und Fremdeinschätzungen der Beteiligten begrenzen darf, sondern auch die Bildungswirksamkeit der Maßnahmen zumindest ansatzweise in den Blick zu bekommen hat. Ob dies als Forderung nach einem politischen Bildungs-PISA aufzufassen ist, bleibt dahin gestellt – zumal die in diesem Beitrag skizzierte Rahmenorientierung der politischen Bildung eher auf den Zusammenhang von Handlungsbefähigung und Kompetenz als auf letztere allein abzielt. Es erscheint auch nicht zwingend notwendig, die Bildungswirksamkeit von Maßnahmen der politischen Jugendbildung innerhalb und außerhalb des Ganztags in einer einzigen abstrakten Kennziffer zu erfassen. Die in der Jugendhilfe probate, sich selbst gern als besonders gesellschaftskritisch inszenierende Kritik am vermeintlichen „PISA-Messwahn"[7] verkennt allerdings, dass ohne ein auf die Ermittlung von Wirkungen ausgerichtetes Bildungsmonitoring jede fachliche und fachpolitische Innovation einem Blindflug gleicht und die Qualität entsprechender Maßnahmen zur bloßen Glaubenssache verkommen lässt. Für die politische Jugendbildung und ihre Netzwerke resultiert aus diesen Erwägungen, dass sie selbst sich verstärkt um die Entwicklung adäquater Instrumente zur Erfassung einer im umfassenden Sinne zu verstehenden Bildungswirksamkeit ihrer ganztagsschulbezogenen Maßnahmen kümmern sollten. Nur so lässt sich fachpolitisch beurteilen, inwiefern sich ihr Ressourceneinsatz in diesem expandierenden Gestaltungsfeld letztlich rechtfertigt.

Anmerkungen

1 Der das Überwältigungsverbot zu einem Grundpfeiler der politischen Bildung erhebende „Beutelsbacher Konsens" ist nachzulesen unter: *http://www.lpb-bw.de/beutelsbacher_konsens.php*, Zugriff 20.12.2007

2 So nähert sich die Klientel der offenen Kinder- und Jugendarbeit zunehmend jener der Jugendsozialarbeit an, wobei Einrichtungen wie z.B. Jugendhäuser häufig noch von weitergehenden ethnischen und cliquenförmigen Entmischungsprozessen ihrer Klientel betroffen sind. Im Gegenzug sind Jugendverbände häufig genug Horte bildungsnaher Jugendlicher, vor allem von Gymnasiastinnen und Gymnasiasten. In diesen und weiteren Segmenten der Kinder- und Jugendhilfe muss Qualitätsentwicklung daher gegenwärtig immer – und vorrangig – heißen, diesen übergreifenden Segregationsprozessen gezielt entgegenzuwirken.

3 So Richard Münchmeier während einer DJI/ZSL-Kooperationstagung in Halle zum Thema „Informelles Lernen und Kompetenzerwerb in schulischen und außerschulischen Kontexten" am 19./20.10.2006. Vgl.: Fauser, Katrin et al. 2006: Jugendliche als Akteure im Verband, 1. Ergebnisse einer empirischen Untersuchung der Evangelischen Jugend, Leverkusen und Opladen

4 Eine fundierte Kritik der zumeist unreflektiert verwendeten Globalbegriffe „bildungsnah" und „bildungsfern" liefern Grundmann, Matthias et al. 2006: Handlungsbefähigung

und Milieu. Zur Analyse milieuspezifischer Alltagspraktiken und ihrer Ungleichheitsrelevanz, Münster

5 Beispielsweise sollten die Arbeiten von Michel Foucault und von Judith Butler verstärkt zu Fortbildungsinhalten für politische Jugendbildnerinnen und -bildner werden.

6 In diesem Sinne ist Grundmann et al. 2006 zu widersprechen, die eine solche kritisch-konstruktive Bewältigung der kognitiven Dissonanz zwischen Schul- und Milieuwirklichkeit nicht in den Blick bekommen und Schulwirklichkeit pauschal in eine Fremdheitsbeziehung zu nicht-mittelschichtsorientierten Milieus setzen. Sie verkennen dabei die vielfältigen Gestaltungsoptionen im (Ganztags-)Schulkontext, die zumindest künftig durchaus auch andere Bewältigungsformen ermöglichen könnten, von denen eine eben die Gewinnung einer kritisch orientierten pragmatischen Handlungsorientierung im Herkunftsmilieu wäre. Das mag angesichts der PISA-Ergebnisse sehr optimistisch klingen, dennoch scheint die hermetisch auf Selektion getrimmte Konzipierung (ganztags-)schulbezogener Bildung sowohl grundlagentheoretisch als auch mit Blick auf konkrete innovative Gestaltungsformen von Ganztagsbildung nicht zu überzeugen.

7 Die passenden Literaturangaben mögen sich die geneigten Leserinnen und Lesern an dieser Stelle selbst zusammentragen.

Literatur

Bourdieu, Pierre 1983: Ökonomisches Kapital, kulturelles Kapital, soziales Kapital. In: Kreckel, Reinhard (Hrsg.): Soziale Ungleichheiten. Soziale Welt. Sonderband 2, Göttingen, S. 183-198

Bourdieu, Pierre 1985: Sozialer Raum und Klassen, Frankfurt/M.

Bourdieu, Pierre 1991: Die feinen Unterschiede. Kritik der gesellschaftlichen Urteilskraft. Frankfurt/M.

Bourdieu, Pierre 1992: Sozialer Raum und symbolische Macht. In: ders.: Rede und Antwort, Frankfurt/M., S.135-154

Freiwilligensurvey 2004, Download unter: http://www.bmfsfj.de/Kategorien/Forschungsnetz/forschungsberichte,did=73430.html

Grundmann, Matthias et al. 2006: Handlungsbefähigung und Milieu. Zur Analyse milieuspezifischer Alltagspraktiken und ihrer Ungleichheitsrelevanz, Münster

Hurrelmann, Klaus/Albert, Matthias/TNS-Infratest Sozialforschung 2006: Jugend 2006. 15. Shell Jugendstudie. Eine pragmatische Generation unter Druck, Frankfurt/M.

Konsortium Bildungsberichterstattung 2006: Bildung in Deutschland. Ein indikatorengestützter Bericht mit einer Analyse zu Bildung und Migration, Bielefeld

Wallerstein, Immanuel 1986: Das moderne Weltsystem I. Die Anfänge kapitalistischer Landwirtschaft und die europäische Weltökonomie im 16. Jahrhundert, Wien

Wallerstein, Immanuel 1998: Das moderne Weltsystem II. Der Merkantilismus. Europa zwischen 1600 und 1750, Wien

Wallerstein, Immanuel 2004: Das moderne Weltsystem III. Die große Expansion. Die Konsolidierung der Weltwirtschaft im langen 18. Jahrhundert, Wien

Nadine Balzter und Achim Schröder

Qualitäten der außerschulischen politischen Jugendbildung für ganztägiges Lernen

Aus den Ergebnissen einer bundesweiten Evaluation

Mit dem Ausbau von Ganztagsschulen und ihrer inhaltlichen Gestaltung stellt sich verstärkt die Frage nach der Zusammenarbeit mit den Trägern der außerschulischen politischen Jugendbildung. Die Evaluation der politischen Jugendbildung (Schröder/Balzter/Schroedter 2004) hat bestätigt, dass die Schule für die außerschulische politische Jugendbildung seit geraumer Zeit ein bedeutsamer Kooperationspartner ist und viele Seminare mit Schülerinnen und Schülern an außerschulischen Lernorten der politischen Jugendbildung stattfinden. Aktuell wird die Ausrichtung auf den Lernort Schule diskutiert und die Frage, wie die Erfahrungen und Ressourcen aus der außerschulischen Jugendbildung in den Ganztag eingebracht werden können.

In den Befragungen der Evaluation entstand der Eindruck, dass die Annäherung von Schule und außerschulischer Jugendbildung langsam und mit Bedacht erfolgt. Dies lässt sich zum einen aus der Unterschiedlichkeit beider Akteure und zum anderen aus der historischen Entwicklung begründen. Während in der Schule vorgeschriebene Lehrpläne und die Schulpflicht den Alltag dominieren, versucht die außerschulische Bildung die Jugendlichen unter der Prämisse der Freiwilligkeit mit aktivierenden und partizipativen Methoden zu erreichen. Die Jugendarbeit als eigenständiges Sozialisationsfeld ist schon in der Weimarer Republik eine umstrittene Instanz gewesen. Die stärkere Abgrenzung zwischen Jugendarbeit und Jugendfürsorge, wie sie die Reeducation vorgesehen hatte, konnte sich in den westlichen Besatzungszonen nicht durchsetzen (vgl. Füssl 1995, 136). Dennoch hat sich die von Vereinen, Initiativen und Verbänden getragene Jugendarbeit nicht nur mit Zentralstellenzusammenschlüssen, Jugendringen etc. eine eigene Struktur geschaffen, sondern auch der Gesetzgeber hat mit dem §11 im Kinder- und Jugendhilfegesetz die Jugendarbeit als eigene Sozialisationsinstanz anerkannt.

Der Jugendbildung kommt in der Bundesrepublik Deutschland vor allem durch die notwendige Aufarbeitung des Nationalsozialismus eine besondere Stellung zu. So ist es nicht verwunderlich, dass gerade bei der Zunahme rechtsradikaler Strömungen und antisemitischer Straftaten zumeist angefragt wird, wie die außerschulische politische Jugendbildung ihre Aktivitäten verstärken könnte. Sie hat sich als eigenständiges Bildungsfeld neben der Schule behauptet. „Politische Bildung für Jugendliche und junge Erwachsene hat zwei zentrale Lernorte, die schulischen und die außerschulischen (nachschulischen) Bildungsangebote“ (Hafeneger 1997, 268).

Die Bildungslandschaft gestaltet sich heute so, dass es weder einen umfassenden noch einen isolierten Bildungsbereich geben kann, dies gilt insbesondere für die außerschulische Jugendbildung. Die Kooperation mit Schulen nimmt daher für die Jugendbildungsreferentinnen und -referenten einen wichtigen Teil ihrer Arbeit ein. Da es sich trotz der Gemeinsamkeit des Bildungsauftrages um zwei strukturell und inhaltlich unterschiedlich ausgerichtete Organisationen handelt, sind Konflikte inhärent. Betrachtet man die außerschulische Jugendbildung als Angebot im Rahmen der Ganztagsschule, stellen sich neue Fragen und Herausforderungen. Wie sind Partizipation und Freiwilligkeit der Teilnahme als Kernelemente der politischen Bildung auf das Setting der Schule zu übertragen? Wieweit können aktivierende Methoden eingesetzt werden und an welchen Lernorten findet politische Bildung statt? Wie gestaltet sich die Partnerschaft im Hinblick auf Austausch, Absprache und gegenseitige Achtung? Demgegenüber liegen die Vorteile von Schule wie mehr Zeit und Kontinuität sowie das Vorhandensein von Teilnehmenden für die außerschulische Bildungsarbeit auf der Hand. Das innovative Potential der Methoden und Arbeitsformen kann wiederum in den Schulalltag einfließen und eine sinnvolle Ergänzung bieten.

Im Folgenden werden ausgewählte Ergebnisse der Evaluation der politischen Jugendbildung (Schröder/Balzter/Schroedter 2004) in Deutschland vorgestellt, die bedeutsam für eine Zusammenarbeit zwischen Schule und außerschulischer politischer Bildung im Hinblick auf den Ganztag erscheinen.

Politischer und förderungspolitischer Kontext der Evaluation

Das Förderprogramm „Politische Jugendbildung außerhalb der Jugendverbände“ wurde von 2001 bis 2003 an der Fachhochschule Darmstadt evaluiert. Dieses Programm ist Teil des Kinder- und Jugendplans des Bundes (KJP), der unter anderem Angebote für junge Menschen bis zur Vollendung ihres 27. Lebensjahres, Arbeitstagungen für Mitarbeiterinnen und Mitarbeiter sowie Personalkosten fördert. Der Auftrag des Bundesministeriums für Familie, Senioren, Frauen und Jugend (BMFSFJ) an die Evaluation bestand darin, eine systematische Bestandsaufnahme der Maßnahmen zu erarbeiten und Einrichtungen sowie pädagogische Mitarbeiterinnen und Mitarbeiter mittels Erhebungsbogen und Interviews zu befragen. Die Untersuchung von Maßnahmen und Trägern sollte einen Überblick über die Wirkung und den Erfolg der geförderten Veranstaltungen und Institutionen erbringen. Darauf aufbauend sollten Verbesserungsmöglichkeiten zu Maßnahmen, Methoden, Organisation, Einsatz von Mitteln/Personal, Qualitätssicherungsverfahren und Nachhaltigkeit der politischen Bildung erarbeitet werden. Ein förderungspolitischer Hintergrund ergab sich aus der Frage, ob eine Umstellung von Personalkostenförderung zu Maßnahmenförderung den Zielen des Programms dienlich wäre.

Politische Jugendbildung heute - Profil und Selbstverständnis

In der Diskussion über politische Jugendbildung taucht hin und wieder die Frage auf, ob diese mit den Reeducation-Programmen in Deutschland installierte Arbeit nicht zurückgefahren oder gar eingestellt werden könne, zumal europäische Nachbarländer den Bildungszweig nicht in vergleichbarer Weise fördern. Die gewachsene Kluft zwischen der Bevölkerung – besonders den Jugendlichen – und der offiziellen Politik scheint jedoch für gegenteilige Konsequenzen zu sprechen. Denn in der politischen Bildung gelingt es auf vielfältige Weise, selbst bei denjenigen Jugendlichen eine Sensibilisierung für das Politische zu leisten, die sich als unpolitisch bezeichnen und sich kaum vorzustellen vermögen, dass Politik etwas mit ihnen zu tun haben könnte. In der evaluierten Bildungsarbeit wird – wie die Interviews und Gruppendiskussionen eindrucksvoll zeigen – diese Kluft häufig überwunden und ein Anschluss hergestellt, der für die weitere Entwicklung der Zivilgesellschaft von grundlegender Bedeutung ist. So gesehen kann die bundesdeutsche Förderung der politischen Jugendbildung als eine besondere Errungenschaft betrachtet werden. Politische Jugendbildung in Deutschland hat im Verlauf ihrer Entwicklung wesentlich zur Herausbildung einer partizipativen, demokratischen Lernkultur beigetragen, weil sie sich dauerhaft mit der Frage beschäftigt, wie man bei jungen Menschen unter Bedingungen von Freiwilligkeit die drei wesentlichen Teilziele erreicht: Wissen vermitteln, Urteilsbildung ermöglichen, zur Mitwirkung anregen.

Die Kompetenz der außerschulischen Bildung auch Jugendliche zu erreichen, die bislang keinen Zugang zum Politischen für sich finden konnten, verdeutlicht die unterschiedlichen Zugänge und Möglichkeiten beider Akteure. Die politische Jugendbildung hat sich bereits seit Jahrzehnten zur Aufgabe gemacht, nicht nur die Interessierten und Engagierten fortzubilden, sondern den Distanzierten und Unerfahrenen einen Zugang zum Politischen zu ermöglichen. Das ist nicht leichter geworden; die Skepsis der Jugendlichen gegenüber dem Politischen hat sich in den vergangenen Jahren eher vergrößert. Dafür gibt es vielfältige Gründe. Aber die Praxis der politischen Jugendbildung zeigt, wie man diese Distanz überwinden, wie man Jugendliche interessieren und befähigen kann, sich überhaupt zu positionieren und ihre eigene Lage im Verhältnis zum Gemeinwesen zu beurteilen.

In den Gruppendiskussionen und Einzelinterviews haben nahezu alle Interviewpartner – damit sind ausschließlich pädagogische Mitarbeiterinnen und Mitarbeiter gemeint – die wachsende Bedeutung der Persönlichkeitsbildung als Voraussetzung politischer Jugendbildung hervorgehoben. Daraus geht die Notwendigkeit hervor, Jugendlichen „den Rücken zu stärken", um Bereitschaft und Interesse für politische Zusammenhänge zu wecken, wobei dies nicht als Trennung – Persönlichkeit stärken einerseits, politische Bildung betreiben andererseits – verstanden wird. Vielmehr wird deutlich, wie verwoben beide Bildungsanstrengungen sind. Die Hervorhebung der Persönlichkeitsbildung führt nicht dazu, sich von der eigentlichen Aufgabe zu entfernen, sondern dazu, die inhaltlichen und personalen Anteile politischer Jugendbildung zu integrieren.

Mit zunehmender Individualisierung und einer Erosion von traditionellen Milieus und festgelegten Wertmaßstäben stellt sich Bildung verstärkt als „Bildung von Person zu Person" dar, als „Lernen am anderen". Damit ist ein Lernen „an" der Person gemeint, also an dem, was die vermittelnde Person inhaltlich präsentiert und was sie durch ihre Persönlichkeit verkörpert. Diese in jeder pädagogischen Arbeit wichtige interaktive Praxis ist durch den Verlust von verlässlichen Maßstäben in pluralisierten Gesellschaften bedeutsamer geworden. Über die Person muss sozusagen ausgeglichen werden, was der Rahmen und die Umgebungsbedingungen zunehmend weniger hergeben.

Die Materialien, Erfahrungsberichte und anderen Beiträge aus der Praxis sowie die entsprechenden Passagen in Interviews und Gruppendiskussionen weisen auf diese Tendenz hin. Alle Erfahrungsberichte betonen das interpersonale Lernen.

Zielgruppen der politischen Bildung und Zugänge zu den Teilnehmenden

Im Erhebungsjahr 2001 haben insgesamt 108.000 Personen an den über den KJP geförderten Veranstaltungen teilgenommen, davon waren 45% zwischen 14 und 18 Jahren, 34% zwischen 19 und 27 Jahren und 21% über 27 Jahre alt. Neben dem Alter wurde der Ausbildungsstatus bzw. die Tätigkeit der Teilnehmenden erhoben. Am höchsten fiel der Anteil der Schülerinnen und Schüler aus. Unter den insgesamt 59% befinden sich 34% Gymnasiastinnen und Gymnasiasten, 19% Hauptschülerinnen und -schüler und 16% Realschülerinnen und -schüler. Daraus ergibt sich eine Schnittmenge der Adressaten von Schule und außerschulischer politischer Bildung von knapp 60%. Demgegenüber befinden sich 33% von allen weder in einer schulischen noch universitären Ausbildung – dies sind: Berufstätige (15%), Auszubildende (14%) und Arbeitslose (4%). Studenten nehmen mit 8% nur einen marginalen Anteil ein.

Politische Jugendbildung wendet sich auch und gerade an jene, die einen eher geringen Zugang zur Bildung haben. 35 % aller Teilnehmenden des Jahres 2001 besuchten eine Hauptschule oder Realschule. Die verstärkte Einbeziehung „sozial benachteiligter", bildungsferner Jugendlicher hat zu einem vergleichsweise hohen Anteil an Hauptschülern, Realschülern wie auch Auszubildenden und Berufstätigen bei den Adressaten politischer Jugendbildung geführt. Die Arbeit mit diesen Zielgruppen bindet viel Arbeitszeit und Energie, ist aber politisch gewollt und sicherlich von zukunftsweisender Relevanz. Die Träger stehen zu großen Teilen hinter der Schwerpunktsetzung, auch wenn manche Mitarbeiterinnen und Mitarbeiter sich etwas mehr Kapazität für Angebote mit aktiven Jugendlichen, etwa in Schülervertretungen oder sozialen Bewegungen, wünschen, da sich aus diesem Kreis großenteils die politisch Aktiven und bei einigen Trägern auch die ehren- oder nebenamtlich Mitarbeitenden rekrutieren.

Die Zielgruppe der sozial Benachteiligten ist im Zuge der gesellschaftlichen Entwicklung zunehmender Arbeitslosigkeit und verstärkter Übergangsprobleme zwischen Schule und Beruf deutlich gewachsen. Die Bildungsarbeit muss sich deswegen vermehrt als soziale Bewältigungsarbeit verstehen. Die aktiven Träger der Arbeit mit sozial benachteiligten Jugendlichen sind engagierte Hauptamtliche. Diese Arbeit kann von freien Mitarbeiterinnen und Mitarbeitern nicht oder nur in marginalen Anteilen übernommen werden.

Wünschenswert ist, die verschiedenen sozialen Zielgruppen zueinander zu bringen und einen wechselseitigen Lernprozess zu initiieren. In diesem Sinne wären Veranstaltungstypen (weiter) zu entwickeln, die – ähnlich wie interkulturelle Begegnungen – einen „intersozialen" Charakter haben.

Didaktik, Methodik und Wirkung politischer Jugendbildung

Die Ziele staatlich geförderter außerschulischer politischer Jugendbildung sind im Kinder- und Jugendplan festgeschrieben. Die dortige Formulierung enthält drei Zielvorgaben: Wissensvermittlung, Urteilsbildung und Partizipation. Für Urteilsbildung und Partizipation spielt die Persönlichkeitsbildung im Sinne einer sozialen und beruflichen Integration als Voraussetzung für eine selbstständige und eigenverantwortliche Lebensführung junger Menschen eine zentrale Rolle.

Die Ergebnisse der Fragebogenerhebung zeigen, dass Persönlichkeitsbildung ebenso wie Partizipation und Abbau fremdenfeindlicher Einstellungen als Ziele in der politischen Jugendbildung an Bedeutung gewonnen haben. Insgesamt verdeutlichen die Ergebnisse zum einen die zunehmende Rolle, die die Stärkung des Subjekts bzw. die Persönlichkeitsbildung in der politischen Jugendbildung einnehmen, und zum anderen die derzeit abnehmenden globalen

Zielsetzungen wie Ökologie, Förderung friedenspolitischer Einstellungen und internationaler Solidarität. Das Mittelfeld zeigt, dass konkrete politische Bildungsziele wie die „Weiterentwicklung der Demokratie“ und „Erweiterung der Partizipationskompetenz“ nicht in den Hintergrund geraten, sondern vielmehr, dass der aktuelle Zeitgeist und die veränderte, gesellschaftliche Situation junger Menschen ein Zusammenspiel verschiedener Dimensionen in der politischen Jugendbildung notwendig machen.

Spitzenreiter bei den Themen, die im Rahmen von KJP-geförderten Veranstaltungen der politischen Jugendbildung an Bedeutung gewonnen haben, sind: Extremismus/Fremdenfeindlichkeit, Persönlichkeitsentwicklung und soziales Lernen, Konfliktbearbeitung/Gewaltprävention. Das erklärt sich zum Teil aus der Förderpolitik mit Sonderprogrammen und aus der Aktualität der Themen. Es weist aber hinsichtlich der Persönlichkeitsentwicklung auf gewandelte gesellschaftliche Anforderungen und auf einen veränderten Bildungsbegriff hin, der vermehrt die Selbst- und Subjektbildung betont. Das Thema Ökologie hat am stärksten an Bedeutung eingebüßt, auch das Geschlechterthema gehört zu den Verlierern. Allerdings muss diese Bedeutungsabnahme vor dem Hintergrund eines zuvor hohen Niveaus gesehen werden. Partizipation hat als explizit angebotenes Seminarthema nur eine geringe Relevanz, ist aber als strukturelles Element der Bildungsarbeit und insofern als wichtiges Querschnittsthema anzusehen. Partizipation findet vor allem praktisch statt, ihre zentrale Bedeutung zeigt auch die Auswertung der Trägermaterialien.

In der außerschulischen politischen Jugendbildung haben sich vor allem so genannte handlungsorientierte Methoden etabliert, die das Handeln und Mitwirken der Jugendlichen initiieren. Ziel ist es, die Jugendlichen zu selbstständigem Lernen anzuregen, denn was sie selbst herausfinden, können sie in der Regel auch besser behalten. Ebenso entwickeln sie die Kompetenz, sich Informationen und Erkenntnisse selbstständig zu erarbeiten. Im Hinblick auf Partizipation als zentrale Zielsetzung von politischer Bildung hat diese Arbeitsweise eine grundlegende Bedeutung. Zu den vornehmlich handlungsorientierten Methoden gehören Rollen- und Planspiele, Theater, Projektarbeit, Zukunftswerkstatt, open space und andere. Viele Lernarrangements erfordern auch eine Kombination handlungsorientierter und informationsvermittelnder Methoden.

In der politischen Jugendbildung ist eine Tendenz zur Innovation der Methoden und ihrer laufenden Anpassung und Veränderung angelegt. Die Entwicklung neuer Methoden geht mit der Notwendigkeit einher, Jugendliche unter den Bedingungen von Freiwilligkeit zu gewinnen und ihr Interesse an politischen Themen zu wecken. Die außerschulische politische Bildung nimmt somit eine Vorreiterrolle in der Entwicklung neuer Lernformen und Methoden ein, sie birgt innovatives Potential. Die von der Schule und anderen pädagogischen Bereichen teilweise übernommenen partizipativen und projektorientierten Methoden sind in der außerschulischen Bildungsarbeit zuvor erprobt, ausgewertet und publiziert worden.

Die Bildungsstätte als Lernort spielt eine besondere Rolle im Bildungsprozess. Sie stellt einen Schutz- und Experimentierraum zur Verfügung, in dem sich der Mut zur eigenen Meinung ohne Noten- und Bewertungsdruck herausbilden kann. Die besonderen Bedingungen dieses Lernorts – mit Abstand von den alltäglichen Lebenswelten, in gemeinsamer Unterbringung und mit gruppendynamischen Effekten – fördern innovative Impulse und Lernprozesse.

In den Bildungseinrichtungen werden die Teilnehmenden gegen Ende einer Veranstaltung danach befragt, wie sie die verschiedenen Elemente von Lokalität und Verpflegung bis zu Inhalt, Darstellung und Verlauf bewerten. Die Befragung der Teilnehmenden wird von den Bildnerinnen und Bildnern im Vergleich zu anderen Auswertungs-Methoden wie Selbstevaluation, Qualitätsmanagement oder Intervision für die erfolgreichste und nützlichste gehalten. Auf diesen Teilnehmer-Rückmeldungen basieren die Einschätzungen zur Wirkung der Bildungsarbeit in Fragebogen und Interviews unserer Evaluation. Demzufolge besteht die Motivation der Jugendlichen zur Teilnahme an Veranstaltungen der politischen Bildung in erster Linie darin, dass sie sich ein gemeinsames Erleben in der Gruppe erwarten, Begegnung mit Gleichaltrigen suchen und einen Freiraum für neue Erfahrungen jenseits des Alltags erhoffen. Der Erwerb von fachlichen Kompetenzen wird erst auf den hinteren Rängen genannt. Insofern kann man vermuten, dass außerschulische politische Bildung bei den Jugendlichen zunächst nicht als spezielles fachliches Programm begriffen und gesucht wird.

Von ihrer Wirkung her beurteilen die Bildnerinnen und Bildner ihre Arbeit zu überwiegenden Teilen so, dass die Veranstaltungen zu Orientierungen verhelfen – was zugleich auf einen zentralen Bedarf an einer Positionsbestimmung unter heutigen Lebensumständen verweist. Auch das Kennenlernen neuer Handlungsweisen und die Eröffnung von neuen persönlichen Perspektiven werden häufig genannt. Eine unmittelbare Auswirkung der Veranstaltungen auf die Handlungsbereitschaft im politischen Raum wird dagegen weniger gesehen.

Zugänge zum Subjekt – die Grundbedingung wirksamen Lernens und aktiver Teilhabe

Ein kleiner Auszug aus einem Einzelinterview kann verdeutlichen, wie sich Mitarbeiterinnen und Mitarbeiter an die Subjekte in der Bildungsarbeit herantasten und wie sie versuchen, sie aktiv am Lernprozess zu beteiligen. Im vorliegenden Beispiel geht es um so genannte benachteiligte Jugendliche, die gemäß dem Konzept der Einrichtung an eine geschlechtsspezifische Auseinandersetzung herangeführt werden. Der Interviewte erzählt:

> „Was wir dann machen, ist zu gucken, welche Idee es von einer Gruppe gibt, wie man anknüpft. Wir arbeiten hier sehr stark mit einem prozessorientierten Ansatz, es gibt in der Regel kein festes Programm vorher, sondern es wird versucht, etwas mit der Gruppe zu entwickeln. Die Vorfreude ist eigentlich eher eine Spannung, die Spannung, was entwickelt sich daraus, was werden die Themen sein, um die es eigentlich wirklich gehen wird? Häufig gibt es im Seminar so Kipppunkte. Besonders bei den Jungen erleben wir häufig so eine Entwicklung, dass sie es nicht glauben können, dass sie wirklich mit ihren Themen gefragt sind und nicht mit erwarteten Pädagogenthemen oder irgendwelchen heimlichen Lehrplänen, sondern dass es wirklich darum geht, für sie sozusagen diese Woche nutzbar zu machen und der Kipppunkt ist dann, wenn sie es wirklich erkennen und es ausprobieren und wenn sie es austesten, ob sie mit ihren Themen wirklich ankommen. Wenn sie selbst sozusagen einen Fahrplan schreiben können und wenn sie dabei unterstützt werden und dabei Spaß kriegen, das ist so der Kipppunkt. Wenn das passiert, entwickelt sich das vom Seminarverlauf einfach noch mal anders. Das ist auch eine Form der Partizipation, die wir wirklich versuchen im Sinne von: ‚Wir schreiben unser eigenes Drehbuch.'"

Das Zitat verdeutlicht die Prozessorientierung der Bildungsarbeit und das sich Einlassen des pädagogischen Mitarbeiters auf die Jugendlichen. Der ernst gemeinte Einbezug der Teilnehmenden mit ihren persönlichen Themen stößt zunächst auf Verwunderung, da es sich um eine bisher ungewohnte Lernform handelt. Indem die Jugendlichen verstehen, dass es um sie geht und sie etwas bewirken können, ist ein wichtiger Schritt in Richtung aktiver Teilhabe erreicht.

Außerschulische Bildung – nur ein Lieferant wirkungsvoller Methoden?

Die große Methodenvielfalt in der außerschulischen Bildung, die zum Teil in den Schulalltag Einzug hält, wurde in vielen Gesprächen unterstrichen, die wir im Rahmen dieser Evaluation geführt haben. Eine Bildungsreferentin macht weitergehend deutlich, dass über diese eher formalen Aspekte hinaus die außerschulische Bildung eine notwendige Ergänzung zum schulischen Lernen sein kann, weil in der Schule vorrangig reproduzierend gelernt wird. Sie zitiert dazu eine Jugendliche: „Wir sollten in der Schule immer nur lernen für Arbeiten und wir sollten reproduzieren und das können wir." Die Bildungsreferentin bestätigt diese Fähigkeiten der Jugendlichen: „Das konnten die super, lesen, zusammenfassen, darstellen, jeden Sachverhalt, das war Spitze. Aber wenn es darum ging zu reflektieren, was heißt das jetzt für dich, was heißt das für euch, was heißt das für die Gesellschaft, was ist eigentlich eure Meinung dazu, dann war Ebbe. Dennoch haben die sich sofort wieder zu einer Veranstaltung gemeldet, sie wollen auch im nächsten Jahr einen Bildungsurlaub machen; sie waren jetzt da, vor zwei Wochen, und haben auch schon mehr ihre Meinung gesagt."

Nach Aussage einer Bildungsreferentin sei die Kooperation mit der Schule angewiesen auf „interessierte Lehrer, Lehrerinnen, die dann auch einfach mal an Jugendliche weitergeben, da gibt es was Interessantes, ihr könnt ein Seminar machen oder ihr könnt mal ein Dreitages- oder ein Wochenendseminar machen für eure eigene Orientierung." Solche Lehrerinnen und Lehrer „wissen, sie können nicht alles machen, sie wollen auch gar nicht alles machen und es ist gut, dass es freie Träger gibt, die bestimmte Dinge anbieten können und dass man sich ergänzt. Dies hat ja auch wieder Auswirkungen auf den Schulalltag; das ist eine gute Zusammenarbeit, ohne dass man sich jetzt irgendein Feld streitig macht."

„Die Schule" nimmt nach Ansicht vieler Bildungsreferentinnen und Bildungsreferenten die außerschulische politische Jugendbildung nur ausnahmsweise wahr. Auf der anderen Seite beschreiben sie, wie wichtig dem Partner Schule die Kooperation mit dem Bildungsträger für die Entwicklung vor allem im Methodenbereich sei. Diese Qualität der außerschulischen politischen Bildung wird hier und da von der Schule auch explizit honoriert. „Es gibt das Bedürfnis, dass Lehrkräfte von Schulen die Methoden übernehmen, die wir während den Seminaren anwenden und die fragen, wie machen sie das, und die hungrig nach dieser Anregung sind, wobei die Zusammenarbeit auch noch viel weiter gehen muss und Institution Schule sich verändern muss." Mit diesen Schulen könnte die Kooperation auf einer Ebene gleichwertiger Partner stattfinden.

Ein anderer Aspekt des außerschulischen Lernens besteht in der Möglichkeit für die Teilnehmenden, einen persönlichen Kontakt zu Erwachsenen aufzubauen, die in dieser Situation über keinerlei repressive Werkzeuge verfügen, weder über den Notendruck der Schule noch über die Möglichkeiten, welche die Eltern haben. Diese Einzigartigkeit der außerschulischen Bildung eröffnet den Teilnehmenden über den persönlichen Kontakt zum Bildner oder der Bildnerin einen besonderen Zugang. Dabei unterstreicht die Bildungsreferentin einen Aspekt, den wir in der einen oder anderen Form von allen Bildnerinnen und Bildnern gehört haben, wenn wir mit ihnen über dieses Thema sprachen: Es ist wichtig, die Jugendlichen ernst zu nehmen, diese Ernsthaftigkeit nicht nur vorzugaukeln, sondern sie auch in der Bildungsmaßnahme zu leben und sie darüber spüren zu lassen, dass sie nicht nur Teil einer Bildungsmaßnahme sind, sondern politisch wirkende, ernstzunehmende Personen. Eine solche Arbeitsweise hat wiederum positive Rückwirkungen auf die konzeptionelle Gestaltung, weil sie darauf ausgerichtet ist, die Interessen und Bedürfnisse zu registrieren, die das Leben Jugendlicher derzeit charakterisieren. Diese Erkenntnisse fließen in die Neuplanungen von Veranstaltungen ein.

Eine funktionierende Kooperation bedarf kontinuierlicher Pflege und einer festen Anlaufstelle. Angesichts einer gewissen Skepsis zwischen denen, die schulische, und denen, die außerschulische Bildung vertreten, ist ein Austausch vonnöten, der von gegenseitiger Achtung geprägt ist und nicht den Eindruck aufkommen lässt, es ginge darum, den Partner zu instrumentalisieren. So beschreibt eine Jugendbildungsreferentin im Interview ihr Verhältnis zu den Kooperationspartnern als schwierig, weil sie bundesweit tätig ist und zu wenig Gelegenheit hat, Kontakte zu pflegen und bei konkreten Rückfragen direkt zur Verfügung zu stehen. Meist kann man dann mit Kooperationspartnern gut zusammenarbeiten, wenn die Kontakte über mehrere Veranstaltungen und über einen Zeitraum von Jahren gewachsen sind. Für die partnerschaftliche Zusammenarbeit ist die Kontinuität der Personen von entscheidender Bedeutung – faktisch kooperieren im konkreten Bildungsprozess nicht die Institutionen, sondern die jeweiligen Personen.

Literatur

Füssl, Karl Heinz 1995: Die Umerziehung der Deutschen, Paderborn/München/Zürich/New York

Hafeneger, Benno 1997: Politische Bildung in der außerschulischen Jugendbildung. In: Sander, Wolfgang (Hrsg.): Handbuch politische Bildung, Schwalbach/Ts., S. 282-299

Schröder, Achim/Balzter, Nadine/Schroedter, Thomas 2004: Politische Jugendbildung auf dem Prüfstand. Ergebnisse einer bundesweiten Evaluation, Weinheim/München

Helle Becker

Wetterleuchten: Erkenntnisse des GEMINI-Projekts

Ein Kernstück der derzeitigen Bildungsdebatte und ihrer bildungspolitischen Konsequenzen ist es, die Grenzen zwischen den Bildungsbereichen, insbesondere zwischen dem formalen und dem nicht-formalen Bildungsbereich, zu lockern und zu einer umfassenden und dauerhaften Zusammenarbeit im Rahmen von Konzepten des Lebenslangen bzw. Lebensbegleitenden Lernens zu gelangen (vgl. Europäische Kommission 2000).

Diese Karriere verdankt das Konzept vom Lebenslangen Lernen und in dessen Rahmen der Ruf nach Anerkennung der Relevanz verschiedener Lern- und Bildungsbereiche gleich mehreren gesellschaftlichen Entwicklungen. Seit Anfang der 80er Jahre werden gesellschaftliche Umbrüche und ein vor allem technologischer und struktureller Systemwandel von Arbeit und Lebensplanung diagnostiziert. Aus soziologischer Perspektive – die Stichworte sind „Risikogesellschaft" und „Individualisierung" – wird registriert, dass neue Formen der Lebensgestaltung, die Erosion von Sozialmilieus, Veränderungen bei Partnerschaften und Familie, die demographische Entwicklung und die davon abhängige volkswirtschaftliche Entwicklung („Ende des Sozialstaats") neue und verstärkte Anforderungen an die Flexibilität, Eigeninitiative, Kommunikations- und Gestaltungsfähigkeit der Menschen, vor allem aber der jetzigen Kinder und Jugendlichen, erfordern. Aus ökonomischer Sicht gehen Empfehlungen für den Bildungsbereich seitdem davon aus, dass diese Entwicklungen die Arbeit und die Anforderungen an Arbeitnehmer verändern und damit Lernbereitschaft, -fähigkeit und -notwendigkeit als lebenslange Anforderung bestehen bleiben. Gleichzeitig werden neben Wissen und Können neue Kompetenzen verlangt, die es vor allem ermöglichen sollen, auf heute noch unbekannte Anforderungen – Stichwort „Zukunftsfähigkeit" – adäquat zu reagieren. In diese Reihe von Flexibilisierungsforderungen gehören auch die frauen- und familienpolitischen Nachfragen nach einer Vereinbarkeit von Familie und Beruf, nach besseren Karrieremöglichkeiten von Frauen und deren Entlastung durch Kinderbetreuungsangebote. Bildungspolitisch bekam das Nachdenken über entsprechende Erneuerungen einen Schub durch die leidigen Ergebnisse der PISA-Studie, die den Skandal der Ungerechtigkeit des deutschen Bildungssystems offenbarten.

Veränderungen der Bildungslandschaft

Wie auch immer man die bildungspolitischen Überlegungen und Entscheidungen in der Folge herleitet, es gibt zahlreiche starke Gründe anzunehmen, dass sich die deutsche Bildungslandschaft mittel- und langfristig verändern wird. Die Ganztagsschule ist nur eine Antwort auf die generell konstatierte Notwendigkeit, das Lernen neu zu organisieren. Dabei darf es nicht nur darum gehen, nach dem Motto „viel hilft viel" die Lernzeiten zu erweitern,[1] sondern es muss generell um die Frage gehen, was in welcher Form und auch wo gelernt werden soll.

Dieses eher abstrakte Gefüge von Ursache und Wirkung wurde spätestens mit den Schlussfolgerungen des Arbeitsstabs Forum Bildung der Bund-Länder-Kommission im Jahr 2001, seiner Forderung nach „Häusern des Lernens" (Forum Bildung 2002, 120) und mit der Einrichtung neuer Ganztagsschulen in fast allen Bundesländern zu einer konkreten Herausforderung auch der Jugendhilfe, besonders der Kinder- und Jugendbildung und noch spezieller der politischen Jugendbildung. Diese sind mindestens mit zwei möglichen Konsequenzen bzw. perspektivischen Entscheidungen konfrontiert: Einmal gibt es das Szenario der Zeitkonkurrenz um den Nachmittag, alternativ stellt sich die Frage nach den Mitwirkungs- und Kooperationsmöglichkeiten von Jugendhilfe und speziell der Jugendarbeit.

Skeptische Grundhaltung

Die klassischen Träger politischer Jugendbildung außerhalb der Jugendverbände, vornehmlich Bildungsstätten, Akademien und Bildungswerke, reagierten skeptisch bis abwartend auf diese Entwicklung. Unabhängig davon, ob aus politischen Gründen das Modell einer Ganztagsschule begrüßt oder abgelehnt wurde, gab (und gibt!) es aus ihrer Perspektive erhebliche Schwierigkeiten, eine enge Zusammenarbeit mit Ganztagsschulen einzugehen. Sie machen vor allem zwei neuralgische Punkte aus: die Konkurrenz des Bildungsortes und seinen pädagogischen Implikationen sowie die außerschulischen Konzepte vom „politischen Lernen".

Denn anders als bei bisherigen Kooperationsformen der außerschulischen politischen Jugendbildung mit der Schule sehen die Konzepte für die neuen Ganztagsschulen ein kontinuierliches „Zusammenwirken" von Schule und Jugendarbeit vor, unter anderem durch eine gemeinsame Bildungskonzeption, ein auf eine längere Dauer gestelltes Angebot sowie die Konzentration auf die Schule als Zentrum der Aktivitäten.

Demgegenüber spielt bei bisherigen, übrigens zahlreichen, Kooperationen mit Schulen gerade der außerschulische Bildungsort, in der Regel die Bildungsstätte, eine pädagogisch relevante Rolle. Er bietet häufig andere, lebensweltlich verankerte Anschauungsmöglichkeiten (in der Kommune, in der Natur o.Ä.) oder umgekehrt die Möglichkeit, sich isoliert von alltagsrelevanten Zwängen für ein bis mehrere Tage auf ein Thema, eine Gruppe und den nicht-formalen und informellen Lerngelegenheiten zu konzentrieren.[2] Damit kann der „andere" Lernort und können die „anderen" Erwachsenen (politische Bildnerinnen und Bildner) Schülerinnen und Schüler wie auch Lehrkräfte dabei unterstützen, sich von vorgeformten und etablierten Rollenzuweisungen zu befreien: „Konzeptionell liegt das Besondere des pädagogischen Settings in der Einheit von Leben und Lernen, d.h. im gemeinsamen Lernen und Gestalten des Alltags – zwischen den Jugendlichen, aber auch mit dem erwachsenen Personal" (Rauschenbach et al. 2004, 243). Auch in davon abweichenden Konzepten, die sich eher auf das sozialräumliche Umfeld richten, spielt der Ort eine pädagogisch-konzeptionell relevante Rolle. So betont das „Aneignungskonzept" (Deinet 2003), „dass Jugendliche sich eigentätig mit der Umwelt auseinandersetzen, Räume gestalten, sich in öffentlichen Räumen verorten und durch diese Tätigkeiten ihren Handlungsspielraum und ihre Kompetenzen erweitern und neue Verhaltensrepertoires erproben" (a.a.O., 211). In der außerschulischen politischen Jugendbildung impliziert dies auch die Überschreitung bisher wahrgenommener Grenzen hin zum „politischen Raum". Dabei reicht die Spanne von der (direkten) Auseinandersetzung mit politischen Gremien oder politischen Repräsentanten bis hin zur Eröffnung und Gestaltung von Öffentlichkeit (z.B. im Sinne von „meinungsbildendem Raum"). Vor allem aber bezieht sie grundsätzlich auch die Schule als politischen Raum ein.[3]

In bisherigen Kooperationen spielte dieses Setting, und damit zugleich die größeren Freiheiten außerschulischer Träger bezüglich politischer Auseinandersetzung, Meinungsbildung und Aktion, eine große Rolle. Das Setting bietet die Struktur für eine zweite Qualität außerschulischer politischer Bildung: die interessegeleitete Thematisierung.

Außerschulische politische Jugendbildung grenzt sich vom Politikunterricht unter anderem dadurch ab, dass sie konsequent von der freiwilligen Beteiligung und den Interessen und Fragen der Jugendlichen ausgeht. Das Interesse ist in der Regel alltagspraktisch motiviert, lebensweltlich verankert und thematisiert sowohl Reflexionsbedarf wie den Wunsch nach Partizipation (im Sinne von Einfluss) und Aktion. Insofern ist jede außerschulische politische Bildung parteilich, als sie die Interessen von Jugendlichen ernst nimmt und mit ihnen gemeinsam deren Gestaltungsmöglichkeiten auslotet. Diese sind prinzipiell zunächst lediglich begrenzt durch die Legalität von Formen der Umsetzung und durch die Prinzipien der Demokratie,[4] nicht aber beispielsweise durch eine formale „Neutralität" – dieser steht die werteorientierte, an politischen Leitbildern orientierte und nur in der Gesamtheit der Träger plurale Ausrichtung gegenüber – oder durch eine durch die Institution Schule vorgegebene (festgeschriebene oder „heimliche“) Ordnung.[5] Insofern ist außerschulische politische Jugendbildung weder an ein Curriculum noch an schulische Kommunikations- und Aktionsreichweiten gebunden.

Für eine enge Kooperation als Teil von (Ganztags-)Schule fürchteten daher die Träger in beiden Punkten starke Einschränkungen. Träger, die sich auf das „Experiment Ganztagsschule“ einließen, waren sich also im Klaren darüber, dass diese Kooperation neuen konzeptionellen, inhaltlichen sowie organisatorischen, z.B. räumlichen, rechtlichen oder finanziellen, Bedingungen unterliegt und sie damit also Neuland betreten würden.

Das „P&P“-Projekt

Im Jahr 2004 entschloss sich daher die GEMINI, die Gemeinsame Initiative der Träger politischer Jugendbildung, im Rahmen eines Verbundprojekts unter Federführung des Bundesarbeitskreises ARBEIT UND LEBEN dieses Neuland zu erkunden. An zwölf Projektstandorten wurden im Zeitraum von Dezember 2004 bis Dezember 2006 Konzepte entwickelt, ihre Umsetzung erprobt und dabei Rahmenbedingungen ausgelotet und Qualitätskriterien für die Zusammenarbeit erarbeitet. Schwerpunkte bildeten die Themenbereiche „Demokratiebefähigung, Förderung von Partizipationsfähigkeit, Förderung von Konfliktlösungskompetenzen“.

Das durch die Stiftung Deutsche Jugendmarke geförderte Projekt „Politik & Partizipation in der Ganztagsschule“ (P&P) wollte Träger der außerschulischen politischen Jugendbildung wie auch Schulen motivieren und befähigen, Ganztagsprojekte der politischen Bildung anzugehen. Das Ziel war es einerseits, auf der Grundlage von Erfahrungen eine Positionierung der Träger zu erleichtern und andererseits für die bundesweite Diskussionen auf politischer Ebene Erkenntnisse, Kriterien und Argumente zu sammeln, unter welchen Bedingungen und mit welchem „Ertrag“ politische Jugendbildung einen wichtigen Beitrag zur Bildungsreform liefern kann.

Mühen des Beginns

Das Projekt brachte in mehrfacher Hinsicht spezifische Ergebnisse, die im Folgenden beschrieben werden. Vorweg seien allerdings diejenigen Erfahrungen erwähnt, die so oder ähnlich auch in anderen Kooperationsfeldern zwischen Ganztagsschulen und Jugendarbeit vorkommen (vgl. Becker 2007a, Riß/Thimmel in diesem Band).

Die Kooperationen der beteiligten Träger der außerschulischen politischen Jugendbildung mit den Ganztagsschulen waren von Anfang an von etlichen „Mühen des Beginns" geprägt. So war es für einige zunächst schwer, überhaupt Partnerschulen zu finden, die bereits ausgewiesene Ganztagsschulen waren, weil hier die Entwicklungen je nach Bundesland sehr unterschiedlich verlaufen. Diese unterscheiden sich vor allem im Hinblick auf die ausgewählten Schulformen und auf die je nach Bundesland unterschiedlich geregelte Einbeziehung außerschulischer Partner. Überall dort, wo eine Beteiligung außerschulischer Partner durch die Landes- oder Kommunalpolitik nicht unterstützt wurde, war man auf informelle, zum Teil private Kontakte angewiesen und konnte sich nicht immer als gern gesehener Kooperationspartner fühlen. Besonders schwierig war es überall dort, wo nur einzelne Schulformen mit spezifischen Bedingungen in der Ganztagsentwicklung gefördert werden. Die größte Hürde bereitete den Trägern dabei die Favorisierung der Grundschulen (zum Beispiel in Nordrhein-Westfalen), da Grundschüler nicht die Regel-Zielgruppe der politischen Jugendbildung (wie auch des schulischen Politikunterrichts) bilden.

„Basics"

Die am P&P-Projekt beteiligten Träger erfuhren als inzwischen typisch einzuschätzende Schwierigkeiten. So wurde schon vor Projektbeginn die Frage nach der Finanzierung der zusätzlich zu erbringenden Leistungen der außerschulischen Partner thematisiert. In der Tat erwies sich dieser Punkt schon deswegen als schwierig, weil die Finanzierung nicht nur von etwaigen Landesmitteln, sondern teilweise auch von kommunalen Finanzierungskonzepten abhängig war. Im Rahmen des Projektes jedenfalls gelang es nur wenigen Trägern, überhaupt eine Drittfinanzierung zu erhalten und damit die tatsächlichen Kosten zu decken. Ein wesentlicher Posten waren dabei die Personal- bzw. Honorarkosten. In der Regel arbeiten die Träger politischer Jugendbildung außerhalb der Jugendverbände nicht mit ehrenamtlich engagierten Laien, sondern mit Fachpersonal. Daher entsprechen die vielfach angesetzten Fördersätze für Honorare nicht dem sonst üblichen Honorargefüge. Darüber hinaus birgt das Thema Konfliktpotenzial in der Frage, welches Personal im Ganztag in welcher Höhe honoriert wird.

Für die Träger (und das beteiligte Personal) bedeutete dieser Zustand einen unbezahlten Mehraufwand, vor allem, da Konzeptions- und Koordinationsleistungen in der Regel nicht abgegolten werden:[6] „Mindestens die Hälfte des Aufwandes wird von TeamerInnen durch Engagement und Einsatz getragen" (Projekt-Abschlussbericht Arbeit und Leben Sachsen).[7] In der Mehrzahl war, gemessen am Mehraufwand der Träger nicht nur hinsichtlich der Angebote, sondern auch der diese flankierenden Koordinationsleistungen, die unzureichende finanzielle Absicherungen der einzelnen Projekte vor Ort wirtschaftlich nicht zu rechtfertigen. Auf Dauer wäre (und ist de facto) eine Verstetigung der Kooperation von diesem Punkt wesentlich abhängig.

Eine zweite Unsicherheit und Schwierigkeit betraf die vielfach nicht zufriedenstellende konzeptionelle Basis für die Zusammenarbeit und die – über Einzelkontakte hinausgehende – mangelnde Abstimmungsmöglichkeit zwischen Trägern und Schulen. Dies galt sowohl für die bilaterale Abstimmung zwischen dem Träger politischer Bildung und der Schule als auch für die Abstimmung aller an einer Schule befindlichen Ganztagsangebote untereinander. Hier wünschte man sich eine bessere Kongruenz und mehr Austausch untereinander. Feste Kommunikations- und Abstimmungsinstrumente jedoch wie Runder Tisch, Umlaufsystem, Berichte o.Ä., Teilnahme an Konferenzen oder gar eine eigene Koordinationsstelle bei Schule oder Träger waren in der Regel nicht vorhanden. Als Folge gab es Uneinigkeiten oder Missverständnisse über schulinterne Strukturen, Verfahren und Wege, Personen und ihre Funktionen oder über Termin- und Raumregelungen.[8]

Während organisatorische Hindernisse teilweise individuell bzw. informell (dafür mühsam) ausgeräumt wurden,[9] wurde die mangelnde Einbeziehung und die Berücksichtigung außerunterrichtlicher Angebote im pädagogischen Konzept der Schule dauerhaft angemahnt. Diese Abstimmungen, die über individuelle Absprachen zwischen Lehrkräften und Trägern hinaus auch andere Anbieter im Ganztag, Schulleitung und Kollegium sowie auch die Eltern und nicht zuletzt die Schulverwaltung mit einbeziehen müssten, benötigen eine prinzipielle und strukturelle Koordination im Rahmen eines Gesamtkonzepts. Die Notwendigkeit einer gemeinsamen Konzeptentwicklung wie auch einer systematischen, geregelten Kommunikation zwischen den Kooperationspartnern ist inzwischen vielfach erkannt worden und ist auch als Anforderung in einige Landes- oder Kommunalförderungen eingegangen.[10] In der Praxis ist diese Anforderung äußerst voraussetzungsvoll, da sie sowohl strukturelle (z.B. auch rechtliche) Rahmenbedingungen benötigt wie auch individueller Bereitschaft und Kommunikationsfähigkeit bedarf.

Spezifika

Während die oben skizzierten Probleme mit anderen Anbietern im Ganztag geteilt werden, richtete sich das Hauptaugenmerk des Projekts auf die spezifischen Qualitätsanforderungen politischer Jugendbildung. Die zentrale Frage war daher, welche Rolle der außerschulische Bildungsort spielen würde und wie sich die spezifischen jugendpädagogischen Parameter würden umsetzen lassen.

Außerschulische Bildungsorte

Die gesamte Bandbreite zwischen Gestaltungsfreiheiten und Restriktionen bei der Konzeption der Kooperationsprojekte zeigte sich bereits in der Frage der Nutzung außerschulischer Bildungs- und Lernorte. So wurde auf der Basis eines gemeinsamen Interesses von Schulen und Trägern in einigen Fällen die auch räumliche „Entgrenzung" der Schule bewusst mit in das Angebot eingeplant. Das war zum Beispiel der Fall bei allen Projekten, die Recherchen außerhalb der Schule, in Archiven, Museen, im Rathaus etc. nutzten oder außerschulische Veranstaltungen (die Stadtratssitzung, öffentliche Diskussionen etc.) einplanten.

Andere Projekte sahen neben regelmäßigen Veranstaltungen in der Schule auch Block- oder Projektzeiten in Bildungsstätten vor. Dabei wurde nicht nur die Erfahrung gemacht, dass die außerschulische Begegnung, noch dazu in einer „freien" und nach den Bedürfnissen der Teilnehmenden gestalteten Zeiteinteilung, einen besonderen Mehrwert für die Projekte erbrachte. Die Vorteile der Nutzung außerschulischer Räume wurden von den Schülerinnen und Schülern sehr bewusst wahrgenommen und gewürdigt (vgl. Riß/Thimmel in diesem Band). Es war bei einem Gesamtvergleich aller Projekte auch offenkundig, dass dort, wo die Schulen den außerschulischen Lernort akzeptierten bzw. selbst guthießen, dessen Nutzung offenbar wenig organisatorische Schwierigkeiten machte (vgl. Becker 2006c).

Auf der anderen Seite gab es Kooperationsprojekte, die streng auf den Schulraum beschränkt und darauf angewiesen waren, dass hier angemessene Räume zur Verfügung gestellt wurden, die alternative Arbeitsformen erlaubten. Das war nicht immer der Fall. In anderen Fällen empfanden Träger die Pflicht zur Nutzung der Schulräume vor allem dann als grundsätzlich einengend, wenn sich die Inhalte des Angebotes auf den erweiterten Sozialraum bezogen und dafür aktivierend gearbeitet wurde.

Optimal gelöst haben die Frage diejenigen Projekte, die diejenigen Arbeitsanteile, welche Regelmäßigkeit und keine besondere Materialausstattung erforderten, in die Ganztagsangebote der Schule einbanden und solche Arbeitsanteile, die andere zeitliche Dimensionen erforderten (z.B. über einen längeren Zeitraum am Stück erledigt werden mussten) oder die eine besondere Ausstattung oder besondere Räume und Örtlichkeiten benötigten, nach „draußen" verlegten. Das war jedoch nur möglich, wenn auch die Schule die Relevanz außerschulischer Lernorte anerkannte: „Es wird (von der Schule, HB) als Vorteil gewertet, auf andere (außerschulische) Räume zurückgreifen zu können, da so die (Schüler- und Lehrer-) Rollen neu verteilt werden" (Abschlussbericht Haus am Maiberg).

Schule als sozialer Raum

Während sich eine Erweiterung der räumlichen Möglichkeiten einerseits auf die Organisation bezog – Fragen wie Stundentafel, Zeittaktung, Versicherung, Aufsichtspflicht oder Transfer etc. mussten gelöst werden – und damit grundsätzlich technisch lösbar ist, bezogen sich andere Beobachtungen auf eher strukturelle Phänomene des „sozialen Raums" (Bourdieu). So wurde beobachtet, wie die Schule als soziales System die Haltungen, Wahrnehmungen und Erwartungen der Betroffenen (hier Schülerinnen und Schüler) formt.

So mussten sich einige Jugendliche erst einmal an eine andere als die gewohnte schulische „Anweisungskultur" gewöhnen. Das außerschulische Personal war häufig mit der Schüler-Erwartung konfrontiert, dass ihre Angebote genauso „funktionieren" sollten wie die schulischen. Das betraf zum einen den von Trägern auch als „Konsumentenhaltung" beschriebenen Anspruch auf Orientierung und vorzugebende Aufgabenstellungen: „Die besonderen Anforderungen, die Projekte außerschulischer Träger an Jugendliche in der Institution Schule stellen, müssen in den Blick genommen werden, z.B. dass bei ‚zu freien, selbst zu gestaltenden Angeboten' im schulischen Raum die Jugendlichen manchmal überfordert sein können; dass sie ohne feste Vorgaben in Orientierungs- und Vorstellungsnöte geraten können" (Abschlussbericht Arbeit und Leben Hessen). Zu dieser Prädisposition zählte auch eine bereits habitualisierte – zumindest anfängliche – Abwehrhaltung gegen das, was „Schule" aus Sicht der Schülerinnen und Schüler ausmachte. Dazu zählte auch die Beobachtung, dass das Personal der politischen Bildungsträger im Schulrahmen von den Schülern in der Rolle von Lehrkräften wahrgenommen wurde. Dies brachte – für die Träger neu und überraschend – unter anderem Probleme im Sozialverhalten der Schülerinnen und Schüler. Es „zeigte sich, dass die Schüler, wie sie selbst sagten, nicht mit dieser Freiwilligkeit umgehen konnten, weil sie etwas anderes gewohnt waren: klare Angaben, was sie tun müssen und klare Konsequenzen, wenn sie dies nicht tun" (Kathrin Geimer, Abschlussbericht VHS Kaiserslautern).

Insbesondere am Beispiel des Projekts von Arbeit und Leben Hessen konnte gezeigt werden, wie der Lernort Schule aus strukturellen Gründen zu einem Problem bzw. einer Behinderung werden kann. Bei diesem Projekt lag darüber hinaus eine Vergleichbarkeit mit anderen Formen der Schulkooperation vor, da Arbeit und Leben Hessen mit der betreffenden Schule bereits länger kooperierte, allerdings nicht eingebunden in den Ganztagsbetrieb. Durch die Einbindung in die Strukturen des Ganztags wurden die scheinbar äußeren Bedingungen zum Problem. Dazu zählten die Zeitstrukturierung, Räumlichkeiten, hier aber vor allem auch die mangelnde Freiwilligkeit der Schüler und deren Rollenwahrnehmung der Teamerinnen und Teamer als „Lehrkräfte“ und nicht (mehr) als „Lern-Moderatoren“. Das zog z.B. nach sich, dass Schülerinnen und Schüler die Teilnahme „schwänzten“ bzw. dem Angebot mangelnde Aufmerksamkeit entgegenbrachten. Damit wurde plötzlich ein bisher unbekanntes Disziplinproblem virulent, inklusive der Frage, ob Möglichkeiten zur Disziplinierung wünschenswert seien oder ob diese nicht dem grundsätzlichen Prinzip der Freiwilligkeit und Selbstbestimmung in der außerschulischen Jugendbildung zuwiderlaufen.[11]

Leistungsorientierung

Eine weitere Folge der von den Trägern beobachteten Dominanz der Schule betraf die Leistungsorientierung von Lehrkräften wie Schülerinnen und Schülern. Einige der Projekte machten die Erfahrung, dass sie von der Schule bzw. der Schulorganisation „gezwungen“[12] wurden bzw. vorausgesetzt wurde, das Angebot als Wahlpflichtangebot zu machen: „Da die Schule entschieden hatte, das Kursangebot als Neigungskurs von der Schule zu führen, der dem Wahlpflichtcharakter unterliegt, wurde dem Projektträger mitgeteilt, dass er zum Halbjahr und zum Schuljahresabschluss Noten vergeben müsse.“ (Abschlussbericht Arbeit und Leben Sachsen) Dies bedeutete in den meisten Fällen, dass die Teilnahme auf dem Zeugnis der Schülerinnen und Schüler vermerkt wurde, teilweise auch eine Bewertung („mit Erfolg“, „ohne Erfolg“ o.Ä.) oder in Form eines Zertifikats als Zusatzleistung gewertet wurde.

Für die Träger der politischen Jugendbildung stellte sich damit die Frage, inwieweit eine geschützte Atmosphäre mit freien – im Wortsinn unzensierten – Bedürfnis- und Meinungsäußerungen möglich wäre: „Da dies nicht Praxis der außerschulischen Bildung ist, haben wir im Vorfeld lange diskutiert, wie wir die Benotung mit unseren Grundprinzipien der freien Meinungsäußerung verbinden könnten“ (ebd.). In einem anderen Fall schrieben Schülerinnen und Schüler ihre Semesterarbeit über das Thema des Ganztagsangebots. Dies führte laut Bericht des Projektleiters zu einer Belastung: „Die Möglichkeit, im Rahmen des Angebotes ihre Seminararbeit zu verfassen, führte auf der einen Seite zwar zu einer hohen Motivation und Bindung der Teilnehmenden, gleichzeitig war damit eines Fixierung auf die Inhalte der Seminararbeit verbunden. Offene Diskussionen und Reflexionen waren damit teilweise etwas schwieriger möglich“ (Abschlussbericht Arbeit und Leben Thüringen).

Auch eine von den Schülerinnen und Schülern „gefühlte“ Nähe zum Schulunterricht (Politikunterricht) trug dazu bei, dass diese auch das außerunterrichtliche Angebot als schulische Veranstaltung wahrnahmen und Aspekte der Leistungsorientierung einbrachten:

> „Zwei weitere Bereiche kristallisierten sich für mich in der Arbeit mit den Schülern als bedeutsam heraus, weil sie immer wieder Thema waren. Zum einen war dies der Bereich Leistungsorientierung, Konkurrenz und die damit häufig verbundene Abwertung der anderen Person. Ich hatte den Eindruck dass „Leistungen zeigen“ (und gute Noten bekommen) für die meisten Schüler ein außerordentlich wichtiges Thema war, wichtiger z.B. als gegenseitiges Verständnis. Leistungsorientierung schien für die Schüler die bedeutendste und eine fest verankerte Strategie zu sein, um verschiedene Bedürfnisse zu erfüllen, z.B. nach Beachtung, Anerkennung, Selbstwirksamkeit, Selbstvertrauen.“ (Kathrin Geimer, Abschlussbericht VHS Kaiserslautern)

Arbeit und Leben Sachsen löste das Problem der Notenvergabe mit einem eigenen System. Mit der Schulleitung wurde vereinbart, dass keine Noten verteilt wurden, sondern der Kurs auf Basis einer Selbstreflexion von den Schülern selbst ausgewertet wurde (vgl. den Beitrag von Schöne in diesem Band). Diese Lösung stellte bereits einen Kompromiss mit der Schule dar, für die ein überzeugendes Argument war, dass die Fähigkeit zur Selbsteinschätzung in der 9. Klasse hinsichtlich anstehender Bewerbungen eine wichtige Kompetenz sei. Die Selbstreflexion wurde als gemeinsames „Qualitätsgespräch“ im Beisein der Schulleiterin durchgeführt. Andere Träger (Europahaus Aurich, VHS Grafschaft Bentheim, VHS Kaiserslautern) entwickelten eigene Zertifikate für die Teilnehmenden.

Freiwilligkeit versus Einbindung ins schulische System

Diese von den betroffenen Trägern als „strukturelle Dominanz“ des Ortes Schule empfundene Determinierung auch bei alternativer Gestaltung des Lernens durch außerschulische Träger wurde jedoch ausdrücklich verstärkt, wenn das sonst in der Jugendarbeit vorherrschende Prinzip der Freiwilligkeit, und damit die interessegeleitete Teilnahme, sich – zumindest was die Zugangsmodalitäten anging – nur eingeschränkt umsetzen ließ. In der Regel waren die Anmeldungen der Schülerinnen und Schüler für ein Angebot nach deren Wahl zumindest für das ganze Schuljahr verbindlich. Dabei waren die Wahlmöglichkeiten teilweise erheblich eingeschränkt: weil die Angebotspalette nicht groß genug war, weil Schülerinnen und Schüler in manche Angebote von Lehrkräften oder Eltern gedrängt wurden, aus zeitlichen Gründen, weil das Angebot personell oder finanziell zu schlecht ausgestattet war, als dass es noch differenziert durchgeführt werden konnte.

Hier wirkte sich der Mangel an Freiwilligkeit erheblich auf die Durchführungsqualität der Angebote aus: „In dem weiteren Klärungsprozess wurde deutlich, dass bei einigen Schülern ein großer Unmut herrschte, weil sie sich das Additum ‚Personale Kompetenz' nicht freiwillig ausgewählt hatten und sie von vorneherein lieber ein Additum ‚Sport' gehabt hätten" (Kathrin Geimer, Abschlussbericht VHS Kaiserslautern, vgl. auch Becker 2007a, 78-80).

Zielgruppenerwartungen

Ein in der Ganztagsschuldiskussion immer wieder angenommener Vorteil dieser Einschränkung des Freiwilligkeitsprinzips bzw. der Anbindung der Angebote an die Schule ist zumindest die Hoffnung, damit Zielgruppen zu erreichen, die nicht von sich aus Angebote politischer Bildung wählen würden. Auf Grund der Erfahrungen im P&P-Projekt, aber auch in anderen Bereichen der Jugendbildung (vgl. Becker 2007a), kann geschlossen werden, dass diese Annahme zutreffend ist. Dies wurde als Chance ebenso wie als Schwierigkeit erfahren: „Insgesamt sehen es die Beteiligten von Arbeit und Leben Rheinland-Pfalz als Herausforderung an, mit ungewohnten Zielgruppen zu arbeiten. Die meisten der Teilnehmenden sind benachteiligt, nehmen wenig Interesse geleitet (‚freiwillig' nur im Sinne von ausgewählt) am Angebot teil und sind weder die Themenstellungen noch die Arbeitsweisen gewohnt. Hierin wird auch eine Chance gesehen, eben auch solche Jugendliche zu erreichen" (Abschlussbericht Arbeit und Leben Rheinland-Pfalz).

Andererseits bringt diese Situation die Anforderung an die Träger mit sich, entweder das Interesse der Jugendlichen ggf. gegen ihre artikulierten Bedürfnisse zu gewinnen oder diese, getreu dem alten sozialpädagogischen Motto „da abzuholen, wo sie stehen". Diese nur theoretisch zu lösende Schwierigkeit führte in der Praxis regelmäßig zu einem Spagat, der je nach Projekt zu einer Seite aufgelöst zu werden drohte. Wenn nicht schulische disziplinarische Maßnahmen im weitesten Sinne griffen, z.B. auch eine Leistungsbewertung, mussten (für einen Teil der Träger neue) didaktische Wege beschritten werden, um Kinder und Jugendliche in kleinen Schritten an Möglichkeiten der Selbstbildung heranzuführen. Dazu zählten aber vor allem sozialpädagogische Anforderungen an eine spezielle Beziehungsarbeit, wie das Projekt von Arbeit und Leben Rheinland-Pfalz in der Hauptschule exemplarisch zeigte:

> „Außerdem, so die Beobachtung der Teamerinnen, fördert die Schulform Hauptschule eher ein Einzelkämpfertum. Die Jugendlichen scheinen es nicht gewohnt zu sein, in der Gruppe zu arbeiten. So erfolgt der Zugang zu den Schülern zurzeit hauptsächlich über Beziehungsarbeit. Es wurden gemeinsame Gruppenregeln entwickelt mit dem Ziel, Regeln zu finden, mit denen sich alle identifizieren können, und einen Vertrag zu unterschreiben. Es hat in

> diesem Zusammenhang kleine Erfolgserlebnisse gegeben. Es wurde klar, dass die SchülerInnen Mitverantwortung tragen und selbst zum Gelingen des Angebots beitragen" (Abschlussbericht Arbeit und Leben Rheinland-Pfalz).

Der Bedarf nach Orientierung und persönlicher Beziehung machte es dann aber auch teilweise notwendig, den (Bildungs-)Anspruch an die Sache dahingehend zu relativieren, dass mehr Beziehungsarbeit als gewohnt zu leisten war, z.B. indem Schülerinnen und Schüler zunächst persönliche Probleme oder ihren „Schulfrust" loswerden mussten, bevor eine inhaltliche Arbeit angegangen werden konnte. Persönliche Probleme der Schülerinnen und Schüler konnten zudem zur Überforderung des ganz anders qualifizierten Personals führen: „Für die Teamerinnen ergaben sich eine große Zahl von Fragen. So muss häufig individuell gearbeitet werden, zum Beispiel in Bezug auf auftretende Konflikte oder Gewalt. Hier wären eigentlich Einzelfallhilfen notwendig, die die TeamerInnen nicht bieten können." (Ebd.) Verschärft wurde die Situation, wenn Schulleitung, Lehrkräfte und Eltern nur wenig Wissen über die unterschiedlichen Felder der Jugendarbeit haben und erst recht keine Differenzierungen in politische, kulturelle, verbandliche usw. Jugendarbeit machen. Jugendarbeit wurde in diesen Fällen gleichgesetzt mit klassischer Sozialpädagogik, und die wurde wiederum häufig eingeengt verstanden als Intervention in besonders schwierigen Fällen. Dieses Missverständnis von Profession und Aufgabe der Jugendbildung führte in einigen Fällen zu der Annahme, dass die in der Schule anwesenden außerschulischen Partner auch Lösungen für typische Probleme von Schulen finden müssten wie z.B. Verhaltensauffälligkeiten von Kindern, mangelnde Disziplin, Schulverweigerung etc.[13]

Pädagogische und konzeptionelle Zusammenarbeit

Während die oben geschilderten Erfahrungen zeigen, dass sich in manchen Kooperationsprojekten das schulische System weitgehend durchgesetzt hat,[14] gab es andere Kooperationen, mit denen eine andere als die schulische Pädagogik eingebracht wurde. Das traf vor allem dann zu, wenn Schulen mit der Kooperation bestimmte Bildungsintentionen verfolgten.

So brachten Schulen, die eine Unterstützung von außen dafür nutzen wollten, um die Entwicklung einer partizipativen Schulkultur auf den Weg zu bringen oder um eine andere Art der Kommunikation und Projektarbeit zu nutzen, ein anderes und ein für den Erfolg offenbar notwendiges Interesse in die Kooperation ein. Dann wurden die Qualitäten des außerschulischen Partners bewusst einbezogen für eine Demokratisierung von Schule, für die Erweiterung und Qualifizierung von Partizipationsmöglichkeiten und von Erfahrungs- und

Lernfeldern. Diese Erfahrungen sind anschlussfähig an zukunftsweisende Konzepte für Kooperationen zwischen Trägern außerschulischer politischer Jugendbildung und Ganztagsschulen.

Demokratisierung von Schule

Für eine Demokratisierung der Schule können die Angebote der politischen Jugendbildung Anregung und Unterstützung bieten. Sie können systematische Wege für eine Demokratisierung, zum Beispiel die schrittweise Einführung demokratischer Verfahren für Schülerinnen und Schüler, Lehrkräfte und Eltern aufweisen. Diese Entwicklung innerhalb der Schule muss – anfangs durchaus im Sinne einer Arbeitsteilung – durch die außerschulischen Partner flankiert werden, indem sie eine alternative Diskussions- und Mitbestimmungskultur in restriktions- und bewertungsfreien Räumen etablieren helfen. Von Vorteil ist dabei, wenn die Schulpartner ihnen die Kompetenz, eine „innerbetriebliche" Partizipationskultur zu befördern, ausdrücklich und selbst gegen mögliche Rückschläge oder nur zögerliche Erfolge zuschreiben: „Den Trägern der politischen Bildung wird (...) nicht nur ein Thema, nämlich die politische Bildung, zugesprochen, sondern es wird ihnen auch unterstellt, dass sie durch ihre Arbeit in der Schule die Schülerinnen zur Partizipation in der Institution anregen können" (Riß/Thimmel 2006, 36).

Im P&P-Projekt gab es dafür anschauliche Beispiele, so im Projekt von Arbeit und Leben Sachsen – hier wurden innerschulische Mitbestimmungs- und Beteiligungsformen erarbeitet – oder im Angebot der VHS Kaiserslautern – hier wurde die Einrichtung eines Klassenrates initiiert und angeleitet. Besonders aktivierende Projekte waren das der VHS City West, Berlin – hier wurden schulische Gestaltungs- und Partizipationsmöglichkeiten von Schülerinnen und Schülern thematisiert und erprobt, zum Beispiel in Form einer Unterschriftenaktion gegen die Entlassung von Lehrkräften – oder das Projekt des Hauses am Maiberg – hier waren es ebenfalls die Schülerinnen und Schüler der Projektgruppe, die die ganze Schule zu einer Aktion aktivierten.

Schule als politischer Raum

Im Sinne einer Öffnung von Schule in den sozialen und politischen (realen wie ideellen) Raum ist die Einbeziehung „außer"-schulischer Orte zukunftsweisend. Für die politische Jugendbildung kann es sich dabei sowohl um den klassischen Bildungsort „Bildungsstätte" mit seinen besonderen pädagogische Implikationen handeln, als auch um andere Lernorte, um politisch relevante Orte, um die Öffentlichkeit (im materialen wie im virtuellen Sinne, zum Beispiel bei medienpädagogischen Angeboten). Damit bieten sich Träger und Orte politischer Bildung als „Stützpunkte“ lokaler Bildungslandschaften an, wie sie im Anschluss an sozialräumliche Konzepte der Jugendhilfe neuerdings auch unter Einbeziehung der Schule gefordert werden:

> „In der Bildungsdiskussion wird gefordert, neben formalen auch non-formale und informelle Bildungsprozesse in den Blick zu nehmen und nach deren Verhältnis zueinander zu fragen. Damit geht es auch um Bedeutung und Relevanz vielfältiger Bildungsorte und -gelegenheiten und um die Frage, wie Bildungsprozesse im Kindes- und Jugendalter in diesem Wechselspiel unterschiedlicher Orte und Gelegenheiten gefördert und unterstützt werden können.“ (Mack 2007, 16)

Diese Öffnung von Schule in den lokalen politischen Raum wurde besonders deutlich erprobt beim Projekt der VHS Grafschaft Bentheim (Partner war das örtliche Museum) oder des Europahauses Aurich (Partner war die Stadt, die ihr Jubiläum vorbereitete). In beiden Fällen wurde die örtliche Öffentlichkeit in die Vorbereitung (Recherche, Zeitzeugenbefragung, Bürgerinterviews) und Präsentation (Ausstellung, öffentliche Veranstaltung) der Projekte einbezogen. Das Haus am Maiberg brachte über die Aktivierung der gesamten Schule (siehe oben) auch eine Benefiz-Aktion im öffentlichen lokalen Raum unter Einbeziehung der Politik auf die Beine.

Die Art der Einbeziehung des schulischen oder jugendlichen Umfelds führt, angebunden an spezifische Themen, die zugleich dem Interesse der Jugendlichen entsprechen und gleichzeitig deren politische Dimension thematisieren, zu einer (Neu-)Codierung der damit „besetzten“ Räume:

> „Sozialräume besitzen immer ein physisch-materielles Substrat, sie sind jedoch nicht a priori gegeben, sondern werden durch das Handeln von sozialen Akteuren, Individuen wie auch Institutionen, konstruiert und in unterschiedlichen Handlungskontexten verändert. Kinder, Jugendliche und Erwachsene schreiben geografischen Räumen Bedeutungen zu, nutzen sie dementsprechend und symbolisieren diese Bedeutung in vielfältiger Form, öffentlich wie privat.“ (Mack 2007, 22)

Perspektivisch wäre es eine Aufgabe politischer Jugendbildung, Schulen bei der Gestaltung einer öffentlichen Infrastruktur für Kinder und Jugendliche in der Kommune zu unterstützen. Einen Anfang macht die Unterstützung der Bedürfnisse von Schülerinnen und Schülern, ihre eigene Gestaltungsmächtigkeit bezüglich ihrer unmittelbaren Umwelt und ihres eigenen Lebens zu erproben, eine Orientierung und einen Standpunkt zu finden.[15] Dafür wurden Rahmen geboten, die es erlaubten, eigene Interessen, Themen und Probleme einzubringen, politische oder gesellschaftliche Dimensionen auszuloten und Handlungsmöglichkeiten aufzuzeigen – Möglichkeiten, die ein unter dem Leistungsaspekt stehender Unterricht normalerweise nicht hat. P&P-Beispiele für eine solche Ausrichtung sind die Projekte von Arbeit und Leben Hessen (unter dem Titel „Frau sein – Mann sein, gleich sein – anders sein" wurden die Orientierungsfragen 14-16 Jahre alter Schülerinnen und Schüler und deren politische Implikationen thematisiert), der VHS Kaiserslautern (hier ging es um „Gewaltfreie Kommunikation und Konfliktlösungskompetenzen", die sofort in der Gruppe umgesetzt wurden), des Hauses am Maiberg (in einer „Politikwerkstatt" wurden selbst gewählte politische Themen der Jugendlichen bearbeitet) oder das Projekt von Arbeit und Leben Sachsen („Was hat Politik mit mir zu tun?") sowie der Volkshochschule City West, Berlin („Hey, verändere was!"), für die schon die Projekttitel Programm waren.

Verlängert man diese Erfahrungen als eine Art „Wetterleuchten" in die Zukunft und projiziert ein förderliches Umfeld mit den vielfach angemahnten Gelingensbedingungen für eine Kooperation (vgl. Becker 2007c und d), dann könnte politische Jugendbildung prinzipiell die ihr vom 12. Kinder- und Jugendbericht der Bundesregierung „aufgetragenen" Aufgaben übernehmen:

„Insgesamt gesehen hat somit die Schule gegenwärtig bei der Vermittlung sozio-politischer Kompetenzen nur einen relativ geringen Stellenwert. Durch den verstärkten Ausbau von Ganztagsschulen sowie durch eine intensivere Kooperation zwischen Schule und den Institutionen der außerschulischen politischen Bildung könnten sicherlich die Voraussetzungen und die Handlungsspielräume für die Erweiterung politischen und sozialen Lernens und damit zugleich für die Förderung der gesellschaftlichen Partizipationskompetenzen der Heranwachsenden verbessert werden" (Bundesministerium für Familie 2005, 211).

Einwurf: Was ist (noch) politische Bildung?

Der von allen Beteiligten attestierte Erfolg der P&P-Projekte (vgl. Riß/Thimmel in diesem Band) kann nicht darüber hinwegtäuschen, dass sich im Gesamtprojekt wie in einem Brennglas die Unbestimmtheiten gezeigt haben, die es zu lösen gilt, will man die ambitionierten Pläne der Träger politischer Jugendbildung, an einer Reform der Bildung mitzuwirken, realisieren. Jenseits organisatorischer, administrativer Schwierigkeiten, die auch für andere Kooperationen zutreffen und die prinzipiell durch bessere Rahmenbedingungen zu lösen wären, besteht die Aufgabe, sich professionell zu positionieren. Nahezu alle Diskussionen während des Projekts waren von der Reflexion über die „genuinen" Merkmale politischer Jugendbildung geprägt.

Hier gingen die Meinungen vor allem bezüglich der Abgrenzungen zum Sozialen Lernen, zur kulturellen Bildung oder zur sozialpädagogischen Intervention auseinander. Auch die Bewertung der Rolle politischer Bildung bei der Vermittlung personaler Kompetenzen oder der Notwendigkeit bestimmter Wissensbestände als Voraussetzung für die Partizipation in politischen und gesellschaftlichen Kontexten war nicht einheitlich. Einerseits wurde argumentiert, dass sowohl politische Bildung als auch der „mündige Bürger" als Ziel voraussetzungsvoll sind:

> „So gehören zum Wissensbestand des mündigen Bürgers Einsichten in das Funktionieren der Politik. Entsprechende Einsichten basieren auf der Unterscheidung in die Dimensionen polity, politics und policy und daraus abgeleitet auf dem Wissen der Bedeutung der Kategorien Macht, Recht, Interessen, Ideologie, Konflikt, Konsens und Gemeinwohl. Über dieses kategoriale Wissen muss verfügen, wer politische Konflikt- und Entscheidungssituationen rational analysieren will. Mindestens genauso wichtig ist das Verständnis zentraler Konzepte des freiheitlichen Verfassungsstaates." (Detjen 2007)

Andererseits wurde eingewandt, dass politische Bildung, zumindest vorübergehend, zum Beispiel, um einen Zugang zu den uninteressierten Schülerinnen und Schülern zu gewinnen, auf die direkte Thematisierung von Politik verzichten dürfe, zumal der Begriff (auch bei Erwachsenen) negativ besetzt sei.[16]

Über die Grenzen der politischen Bildung aber konnte ebenso wie über den Stellenwert und die Definition von Maßnahmen mit „Hebammenfunktion" keine Einigkeit hergestellt werden.[17] Was in der außerschulischen Bildung für ein breites und plurales Verständnis von Politik, Politischem und politischer Bildung spricht, gerät im Zusammenhang mit Ganztagsschulkooperationen in Erklärungsnot. Denn hier ist eine klare Positionierung vonnöten, um sich gegenüber schulischem Bildungsverständnis und ggf. auch gegenüber anderen pädagogischen Praxen der Jugendhilfe zu definieren und verständlich zu machen. Dies ist um so schwerer in einem Kontext, in dem äußere Bedingungen mit starker struktureller Macht, wie sie die Schule stellt, und fremde, ggf. nicht zu erfüllende Erwartungen[18] an die Profession Kompromisse, aber auch Klarheit erfordern.

Es wird perspektivisch nicht zu umgehen sein, das (Selbst-)Bild der politischen Bildung als (hoch-) spezialisierter Bildungsanbieter, der sich mit Lern-Angeboten an bestimmte Zielgruppen wendet, um diese in die Lage zu versetzen, als ausgebildete „Bürgerinnen und Bürger" demokratische Teilhabe zu üben, dahingehend zu überprüfen, wo neue Anschluss- und Zugangsmöglichkeiten sind, ohne dass sich die Professionalität in Beliebigkeit auflöst. Gerade in Zeiten einer breiten Bildungsdebatte, die längst über die nationalen Grenzen hinausgeht, vor allem aber auch im Hinblick auf eine Positionierung in Zusammenarbeit mit der Schule, wäre es wichtig, sich zu lösen von einer strukturellen Betrachtung des Arbeitsbereichs hin zu einer inhaltlich-pragmatischen Definition des Themen- und Handlungsfelds. Dies würde nicht nur mehr „Zukunftsfähigkeit" für die Bildungslandschaft, sondern auch für die politische Bildung bedeuten.

Anmerkungen

1 Überdimensionalen Ausdruck fand diese Logik in der Kampagne „Bildung braucht Zeit" des Bundesbildungsministeriums: „Ein halber Tag reicht nicht aus, um die Welt zu erklären – und all das zu lernen, was heute wichtig ist. Ein ganzer Tag in der Schule heißt Zeit für mehr Qualität, mehr Leistung und mehr Betreuung."

2 „Die Bildungsstätten sind zentrale Einrichtungen mit Übernachtungsmöglichkeit, die ein eigenes Programm in Form von Kursen, Seminaren, Tagungen und Lehrgängen anbieten oder ggf. das Programm anderer Träger unterstützen", Rauschenbach et al. 2004, 243.

3 Entsprechend äußerten sich die Träger des im Folgenden beschriebenen Projekts „P&P" für ihre Planungen eines Angebots in der Ganztagsschule. Genannt wurden u.a. „Bewusstsein für Schule als gesellschaftliche Institution entwickeln" und „Demokratisierung von Schule, demokratische Prinzipien in der Ganztagsschule/im Schulalltag einführen", vgl. Becker 2006c, 30.

4 Aus diesen leitet sich auch der „Beutelsbacher Konsens" ab, den auch die außerschulische politische Bildung akzeptiert.

5 Zum „Normalisierungsauftrag" der politischen Jugendbildung siehe H.-G. Stolz in diesem Band.

6 Vgl. Becker 2007a, 105: „Die Träger investieren erheblich in die Zusammenarbeit mit Ganztagsschulen. Vor allem personelle, zeitliche und finanzielle Ressourcen, nicht nur für die Angebote selbst, sondern vor allem für deren Management, werden genannt, daneben der Einsatz in Form von konzeptioneller Planung und Kommunikationsanstrengungen." Und: „Für eine innovative, qualitätsvolle und nachhaltige Umsetzung kultureller Bildungsangebote in der Ganztagsschule fehlt es fast durchweg an Finanzen für Personal, Koordinationsleistungen und Qualifizierung sowie Zeit für die schrittweise Ausgestaltung der Kooperationen", ebd.

7 Die Zitate aus den Projektabschlussberichten der am P&P-Projekt beteiligten Träger entstammen dem Abschlussbericht des Projektes, Becker 2006c.

8 Häufig wurden diese Schwierigkeiten als „mangelnde Verlässlichkeit und Verbindlichkeit" des Schulpartners gewertet.

9 Vgl. zur Frage der „individuellen Lösung" analoge Erkenntnisse aus der Evaluation im Rahmen des Projektes „Kultur macht Schule" der Bundesvereinigung kulturelle Jugendbildung (Becker 2007, 105): „Umgekehrt funktioniert vieles nicht, wenn ein Fundament aus positiver persönlicher Beziehung und Engagement fehlt. Diese vor allem individuellen Voraussetzungen helfen im günstigen Fall sogar, organisatorische oder administrative Hürden, Denkhindernisse und andere ‚äußere' Widerstände aufzuheben oder ab-

zumildern. Sie implizieren jedoch auch die Gefahr der Überforderung der einzelnen Beteiligten und sind daneben auch nicht ‚herstellbar'."

10 Vgl. Kelb 2006 sowie exemplarisch die Regelungen des Landes Nordrhein-Westfalen: Bei der Durchführung eines außerunterrichtlichen Angebotes erfolgt „die jeweilige Ausgestaltung (...) auf der Grundlage einer zwischen den Beteiligten abzuschließenden Kooperationsvereinbarung. Sie regelt u.a. die gegenseitigen Leistungen der Kooperationspartner, die Erstellung und Umsetzung eines gemeinsam zu entwickelnden pädagogischen Konzepts, Fragen gemeinsamer Bedarfsermittlungen und -planungen sowie erweiterte Mitwirkungsmöglichkeiten des zusätzlichen Personals gemäß § 75 Abs. 4 SchulG." Offene Ganztagsschule im Primarbereich, RdErl. d. Ministeriums für Schule und Weiterbildung v. 26.1.2006 (ABl. NRW. S. 29).

11 Aber auch die eigene Wahrnehmung der außerschulischen Akteure schien sich zu verändern. So registrierten die P&P-Träger in einem der gemeinsamen Workshops, dass sie plötzlich von „Disziplinproblemen" sprachen, eine Terminologie, die sie im nichtschulischen Rahmen nie gebrauchen.

12 So wurden in einem beteiligten Kaiserslauterer Gymnasium alle Angebote im Nachmittagsbereich auf einem Beiblatt zum Zeugnis bewertet, allerdings nicht nach Noten, sondern nach drei Bewertungskategorien („mit gutem Erfolg teilgenommen", „mit Erfolg teilgenommen", „kein Interesse gezeigt"). Auch außerschulische Kooperationsangebote unterlagen diesem System als eine „unumgehbare Bedingung der Schule".

13 Das Problem des Umgangs mit „eigentlich" uninteressierten Zielgruppen und mit den Erwartungen anderer an die sozialpädagogischen Kompetenzen des Trägers wurden ebenfalls nachdrücklich geschildert von den Trägern kultureller Bildung, vgl. Becker 2007a, 73-78.

14 Im letzten gemeinsamen Workshop der P&P-Träger wurde resümiert, dass sich „eigentlich alle Träger nach der Schule gerichtet haben, nie umgekehrt".

15 Die größten Erfolge sind deswegen in den Bildungswirkungen für die beteiligten Schülerinnen und Schüler zu sehen. Die differenzierten Ergebnisse der Schülerbefragung, aber auch die Einschätzungen der anderen Beteiligten einschließlich der Schulpartner weisen eine große positive Wirkung der Angebote aus. Die „Daten können als eindeutiger Beleg gelesen werden: Die große Mehrzahl der SchülerInnen war mit den Angeboten hoch zufrieden" (Riß/Thimmel 2006, 18).

16 Die Positionen dazu bilden sich nicht zufällig zeitgleich auch in der Diskussion um die Zugänge so genannter „bildungsferner Zielgruppen" zur politischen Bildung ab. Vgl. auch dazu exemplarisch Detjen 2007.

17 Als solche Grenzbereiche wurden beispielsweise in den Projektworkshops genannt: Toleranz gegenüber Andersdenkenden/personale Kompetenzen entwickeln und einüben, Reflexion über gesellschaftliche/soziale Fragen anregen, Reflexion über historische Zusammenhänge anregen, personale Kompetenzen vermitteln, z.B. rhetorische Grundlagen legen und Kommunikationskompetenzen schulen, Lebensperspektiven thematisieren, Gewaltprävention/gewaltfreie Kommunikation anleiten.

18 Hier sind die Grenzen fließend. Schulische Erwartungen können sich zum Beispiel auch auf die „Nützlichkeit" des Angebots im Sinne beruflicher oder schulischer Anwendungsmöglichkeiten richten, so die Erfahrungen im P&P-Projekt mit medienpädagogischen Anteilen von Arbeit und Leben Rheinland-Pfalz, im Projekt von Arbeit und Leben Sachsen, dessen Methode der Selbstreflexion als Vorübung zur Bewerbung goutiert

wurde, oder im Projekt der VHS Kaiserslautern, in dem ein Anti-Gewalt-Kommunikationstraining willkommen war, weil es disziplinarische Probleme gab.

Literatur

Becker, Helle 2007a: Abschlussbericht zum Evaluationsvorhaben im Rahmen des Projekts „Kultur macht Schule" der Bundesvereinigung kulturelle Kinder- und Jugendbildung e.V., Download: http://www.kultur-macht-schule.de/181.0.html

Becker, Helle 2007b: Auf dem Weg zur neuen Bildung – Trägererfahrungen evaluiert. In: Kultur macht Schule. Innovative Bildungsallianzen – Neue Lernqualitäten, hg. v. V. Kelb, München, S. 73-90

Becker, Helle 2007c: Politik & Partizipation in der Ganztagsschule – Erfahrungen des GEMINI-Projekts. In: Praxis politische Bildung, 11. Jg., Heft 2/2007, S. 120-126

Becker, Helle 2007d: Qualitätsmanagementinstrument für Kooperationen (CD-ROM). In: Kultur macht Schule. Innovative Bildungsallianzen – Neue Lernqualitäten, hg. v. V. Kelb, München

Becker, Helle 2006a: Für Bildung und Visionen: Politische Bildung im Ganztag. In: Deinet, Ulrich/Icking, Maria (Hrsg.): Jugendhilfe und Schule. Analysen und Konzepte für die kommunale Kooperation, Opladen, S. 89-102

Becker, Helle 2006b: Kooperation mit der Schule. In: Praxis Politische Bildung, 10. Jg., Heft 3, S. 212-213

Becker, Helle 2006c: 2. Zwischen- und Endbericht für die Stiftung Deutsche Jugendmarke zum Projekt Politik & Partizipation in der Ganztagsschule der Gemeinsamen Initiative der Träger der politischen Jugendbildung (GEMINI), Download: www.politikundpartizipation.de

Becker, Helle 2005a: Morgen ist vielleicht schon gestern: Streiten für ein neues Bildungssystem. In: INFO-Dienst – Kulturpädagogische Nachrichten, Unna, Nr. 74, Dezember 2004/Januar 2005, S. 12-15

Becker, Helle 2005b: Politik & Partizipation in der Ganztagsschule. In: Praxis politische Bildung, 9. Jg., Heft 3, S. 238

Becker, Helle 2004: Kompetent und zukunftsfähig? Zwei relevante Aspekte der aktuellen Bildungsdebatte für die politische (Jugend-) Bildung. Expertise für die Bundeszentrale für politische Bildung (bpb), www.bpb.de

Becker, Helle 2003: Augen auf und Kopf hoch: Die Offene Ganztagsschule. In: Außerschulische Bildung, Jg. 3-2003 Schwerpunkt, S. 232-236

Becker, Helle/Bielenberg, Ina 2006: Zwischenstände: Kulturelle Bildung in der Ganztagsschule oder: Wie kommen wir ins Radio? In: infodienst – Kulturpädagogische Nachrichten, Unna, Nr. 79, April 2006, S. 43-44

Beher, Karin/Haenisch, Hans/Hermens, Claudia/Liebig, Reinhard/Nordt, Gabriele/Schulz, Uwe 2005: Offene Ganztagsschule im Primarbereich. Begleitstudie zu Einführung, Zielsetzungen und Umsetzungsprozessen in Nordrhein-Westfalen, Weinheim und München

Bundesministerium für Familie, Senioren, Frauen und Jugend 2005: 12. Kinder- und Jugendbericht. Bericht über die Lebenssituation junger Menschen und die Leistungen der Kinder- und Jugendhilfe in Deutschland. Bildung, Betreuung und Erziehung vor und neben der Schule

Deinet, Ulrich 2003: Regionale Lebenswelten als Ausgangspunkt einer aneignungs- und bildungsorientierten Jugendarbeit. In: Lindner, Werner/Thole, Werner/Weber, Jochen: Kinder- und Jugendarbeit als Bildungsprojekt, Opladen, S. 213-225

Detjen, Joachim 2007: Politische Bildung für bildungsferne Milieus. In: Aus Politik und Zeitgeschichte Nr. 32 /06.08.2007, Download: http://www.das-parlament.de/2007/32-33/Beilage/001.html, Zugriff 01.12.2007

Europäische Kommission: Memorandum über Lebenslanges Lernen/SEK (2000) 1832 vom 30.10.2000

Forum Bildung 2002, Arbeitsstab in der Geschäftstelle der Bund-Länder-Kommision für Bildungsplanung und Forschungsförderung: Empfehlungen und Einzelergebnisse des Forum Bildung II

GEMINI (Hg.)/Becker, Helle (Red.) 2006a: Politische Jugendbildung in der Ganztagsschule: Anregungen, Praxistipps, Informationen für Bildungsträger

GEMINI (Hg.)/Becker, Helle (Red.) 2006b: Politische Jugendbildung in der Ganztagsschule: Was sie will. Was sie kann. Was sie erreicht

Kelb, Viola 2006: Kulturelle Bildung und Ganztagsschulen: Rahmenbedingungen und Umsetzung von Kooperation in den Ländern. Eine Ländersynopse. Stand 01.06.2006. Download: www.kultur-macht-schule.de

Mack, Wolfgang 2007: Lokale Bildungslandschaften: Neue Ansätze der kommunalen Bildungspolitik als Antwort auf Herausforderungen des Zwölften Kinder- und Jugendberichts. In: Bildungslandschaften in gemeinschaftlicher Verantwortung gestalten. Grundsatzfragen und Praxisbeispiele. Eine Publikationsreihe der Deutschen Kinder- und Jugendstiftung im Rahmen von „Ideen für mehr! Ganztägig lernen", S. 16-34

Politik & Partizipation Projekt-Homepage: www.politikundpartizipation.de

Rauschenbach, Thomas/Leu, Hans Rudolf/Lingenauber, Sabine/Mack, Wolfgang/Schilling, Matthias/Schneider, Kornelia/Züchner, Ivo 2004, 2. Auflage: Non-formale und informelle Bildung im Kindes- und Jugendalter. Konzeptionelle Grundlagen für einen Nationalen Bildungsbericht, hrsg. v. Bundesministerium für Bildung und Forschung (BMBF)

Riß, Katrin/Thimmel, Andreas 2006: Evaluationsbericht zum GEMINI-Verbundprojekt „Politik und Partizipation in der Ganztagsschule", Download: www.politikundpartizipation.de

Katrin Riß und Andreas Thimmel

„Politik & Partizipation“ – Evaluationsergebnisse eines Praxisforschungsprojekts

Dieser Beitrag beschreibt die Begleit- und Evaluationsforschung des GEMINI-Verbundprojekts „Politik und Partizipation in der Ganztagsschule“ und stellt die wichtigsten Ergebnisse vor.

Auf Basis des Abschlussberichts der Evaluation werden empirische Daten aus der im Rahmen des Projekts durchgeführten Schülerbefragung, der Befragung der Teamer (bzw. je nach Sprachspiel im Projekt der Dozenten)[1] sowie aus der Befragung der Verantwortlichen der Schulen aufgegriffen und die zu ziehenden Schlussfolgerungen für die Kooperation zwischen Schule und außerschulischer politischer Jugendbildung formuliert.

Die wissenschaftliche Begleitung des Verbundprojektes konnte vielfältige Informationen über die Praxis der politischen Jugendbildung und ihre Entwicklungsmöglichkeiten im Rahmen von Kooperationen mit Ganztagsschulen liefern. Im Fokus steht vor allem die Frage der Gelingensbedingungen für Kooperationen zwischen der politischen Jugendbildung und Ganztagsschulen. Weitergehende Hinweise – insbesondere auf den Stellenwert der Angebote der politischen Jugendbildung aus Sicht der Schülerinnen und Schüler – können im ausführlichen Evaluationsbericht nachgelesen werden (*www.politikundpartizipation.de).*

Evaluationsgegenstand

Gegenstand der 2006 umgesetzten Evaluation waren die Kooperationsprojekte der politischen Jugendbildung in Ganztagsschulen, die im Schuljahr 2005/2006 als Gesamtprojekt „Politik und Partizipation in der Ganztagsschule“ des Trägerverbundes GEMINI durchgeführt wurden. Zehn Einzelprojekte aus sieben Bundesländern (Berlin, Hessen, Niedersachsen, Rheinland-Pfalz, Sachsen, Schleswig-Holstein, Thüringen), durchgeführt von vier verschiedenen Trägergruppen der politischen Jugendbildung (Arbeitskreis deutscher Bildungsstätten e.V. – AdB, Arbeitsgemeinschaft katholisch-sozialer Bildungswerke in der Bundesrepublik Deutschland e.V. – aksb, Bundesarbeitskreis Arbeit und Leben – AL, Deutscher Volkshochschulverband e.V. – DVV) nahmen am Ge-samtprojekt teil und wurden in die Evaluation einbezogen.

Insgesamt ist diese Datenbasis als in mehrerlei Hinsicht heterogen zu beschreiben. Die verschiedenen Trägergruppen lassen etwa deutliche Unterschiede im Verständnis von politischer Jugendbildung erkennen. Hierbei reicht die Bandbreite von einem eng abgesteckten Verständnis von politischer Jugendbildung als einer unmittelbaren Auseinandersetzung mit politischer und gesellschaftlicher Realität hin zu einem weiter gefassten Begriff, der auch in der Aneignung von sozialen und kommunikativen Kompetenzen den Bereich politischer Bildung abgedeckt sieht. Entsprechend dieser unterschiedlichen Auffassungen unterschieden sich die vertretenen Projekte hinsichtlich ihrer Konzepte, Themen und Projektziele.

Hinsichtlich der gewählten Formate der Angebote reichte die Spannbreite von regelmäßigen wöchentlichen Angeboten bis hin zum selbstständigen Arbeiten der Schülerinnen und Schüler mit gelegentlichen gemeinsamen Arbeitstreffen. In den meisten Projekten war die Teilnahme auf einer freiwilligen Basis geregelt, teilweise konnten die Schülerinnen und Schüler im Sinne eines Wahlpflichtprogramms zwischen verschiedenen Angeboten wählen. Lediglich in zwei Projekten war die Teilnahme für die Schülerinnen und Schüler verpflichtend.

Des Weiteren waren die Projekte abhängig vom Bundesland, aber auch von der (finanziellen) Ausstattung der jeweiligen Kooperationsschule mit unterschiedlichen (politischen) Rahmenbedingungen für ihre Kooperationen konfrontiert. Da jedoch alle Projekte im Rahmen des Modellversuchs extern über den Träger bzw. die entsprechende Stiftung finanziert wurden, erwiesen sich diese finanziellen Unterschiede als weniger bedeutsam.

Abschließend bezog sich die Heterogenität auf die für die Kooperation gewählten Schulformen (zwei Hauptschulen, zwei Realschulen, zwei Gesamtschulen (Sekundarstufe I), drei Gymnasien bzw. gymnasiale Zweige, darunter eine Schule für Hochbegabte) sowie in Bezug auf das Lebensalter der Zielgruppen (Jahrgangsstufen 5 bis 13) und die Anzahl der Teilnehmenden (6 bis 18) am jeweiligen Projekt.

Die Einzelprojekte – und damit das GEMINI-Verbundprojekt in seiner Anlage – spiegelten mit dieser Vielfalt die Heterogenität der außerschulischen politischen Jugendbildung, aber auch eine große Bandbreite des Schulsystems wider. Den gemeinsamen Nenner der Projekte bildete der von allen (und gemeinsam) geführte Diskurs über die politische Jugendbildung, ihre grundlegend positive Positionierung zur Ganztagsschulentwicklung und ihr Selbstverständnis als Träger der außerschulischen politischen Jugendbildung.

Eine Sonderstellung unter den Projekten nahm das Angebot der Jugendbildungsstätte „Mühle“ in Bad Segeberg ein. Das Konzept der Mühle richtete sich im Gegensatz zu den übrigen neun Projekten nicht an Schülerinnen und Schüler, sondern an Multiplikatoren bzw. Kursleiter im Ganztag. Die Bildungsreferentinnen und -referenten der Bildungsstätte schulten und berieten die Ganztags-Fachkräfte aus unterschiedlichen Kontexten und mit unterschiedlicher pädagogischer Kompetenz in verschiedenen Schulen der Region. Der Träger etablierte sich damit als wichtiger bildungspolitischer Akteur, der schulartübergreifend die Entwicklung zur Ganztagsschule pädagogisch qualifiziert. Eine detaillierte Analyse dieses Einzelprojektes ist dem oben erwähnten ausführlichen Projektbericht zu entnehmen.

Evaluationsdesign

Die wissenschaftliche Begleitung des GEMINI-Verbundprojekts wurde als eine formative Evaluation angelegt. Das Erkenntnisinteresse der Evaluatoren zielte nicht auf die Auswertung der Einzelprojekte im Sinne einer Wirkungsmessung oder Zielerreichungskontrolle, vielmehr wurde versucht, auf einer über die Einzelprojekte hinausgehenden Verallgemeinerungsebene gemeinsame Anknüpfungspunkte zu finden, die bei einer Zusammenarbeit von politischer Jugendbildung mit Schule von Bedeutung sind. Im Sinne einer frühzeitig rückkoppelnden Evaluationspraxis wurden relevante Ergebnisse aus den Befragungen an die Verantwortlichen rückgemeldet und im Rahmen eines Auswertungsworkshops zur Diskussion und Validierung gestellt.

Methodisch wurde die Evaluation in Form von quantitativen Fragebögen an die teilnehmenden Schülerinnen und Schüler[2] der Projekte sowie in Form von Expertenbefragungen mit den Projektverantwortlichen der einzelnen Einrichtungen/Institutionen/Bildungsstätten, den Teamern, die in die unmittelbare Durchführung der Projekte mit den Schülerinnen und Schülern eingebunden waren und den verantwortlichen Ansprechpartnern der Kooperationsschulen umgesetzt. Mit der Befragung der Schülerinnen und Schüler wurde deren subjektive Einschätzung als eine zentrale Informationsquelle genutzt, was auch als Teil der Einlösung des Partizipationsanspruchs des Gesamtprojekts und der „Lern- und Bildungskultur" politischer Jugendbildung angesehen werden kann. Die Expertenbefragungen der Projektverantwortlichen und Teamer fand in Form von E-Mail-Befragungen mit offenen Fragen statt. Die Ansprechpartner der Schulen wurden in telefonischen leitfadengestützten Experteninterviews befragt. Die Auswertung dieser qualitativen Daten fokussierte auf die Rekonstruktion des inhaltlichen Expertenwissens der Interviewten aus dem Datenmaterial.

Die Perspektive der Schülerinnen und Schüler

Die hier darstellten Ergebnisse basieren auf einem Rücklauf der Schülerfragebögen von etwa 65% (78 Schüler) mit einer kleinen Mehrheit auf Seiten der

Schülerinnen (55%) und einem Anteil an Schülerinnen und Schülern mit einem familiären Migrationshintergrund von 36%.[3] Die Projekte (und damit auch der Fragebogen) erreichten die Jahrgangsstufen 5 bis 13, wobei die Mehrheit der beteiligten Schülerinnen und Schüler zum Zeitpunkt des Projektes zwischen 14 und 17 Jahre alt war. Hierbei handelt es sich um eine relevante Altersgruppe bei Aktivitäten der außerschulischen Jugendarbeit und Jugendbildung. Die folgende Grafik zeigt die Anzahl der Befragten bezogen auf Altersstufe und Projekte. Dabei werden zur Einordnung die Träger und nicht die Schulen benannt.

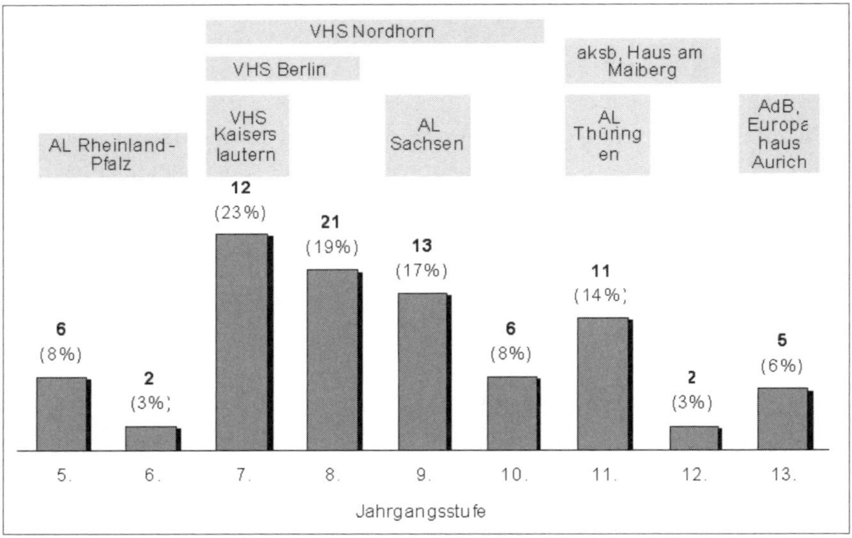

Grafik 1: Besuchte Jahrgangsstufen und Projekte (N=78)

Es wurden alle Schularten abgedeckt (außer Förder- bzw. Sonderschulen), was sicherlich als eine Besonderheit dieses Verbundprojekts und dieser Studie zu werten ist. 10% der befragten Schülerinnen und Schüler besuchten die Hauptschule, circa ein Drittel Gesamtschulen (Sekundarstufe I), ein weiteres Drittel Realschulen (Sekundarstufe I) und die übrigen 23% der Schülerinnen und Schüler ein Gymnasium bzw. die gymnasiale Oberstufe von Gesamtschulen (Sekundarstufe II).

Der Gesamteindruck der Schüler von den Projekten wurde mittels einer Bewertung durch Schulnoten erfragt. 17% der Schülerinnen und Schüler bewerteten ihr jeweiliges Projekt mit sehr gut, 44% mit gut, weitere 25% waren zufrieden mit dem Angebot. Anzunehmen ist, dass in diese Bewertung der Vergleich mit anderen Projekten an der Schule und dem regulären Unterricht eingegangen ist. Die große Mehrzahl der Schülerinnen und Schüler war mit den Angeboten also sehr zufrieden. Unterstrichen wird diese Gesamtaussage durch

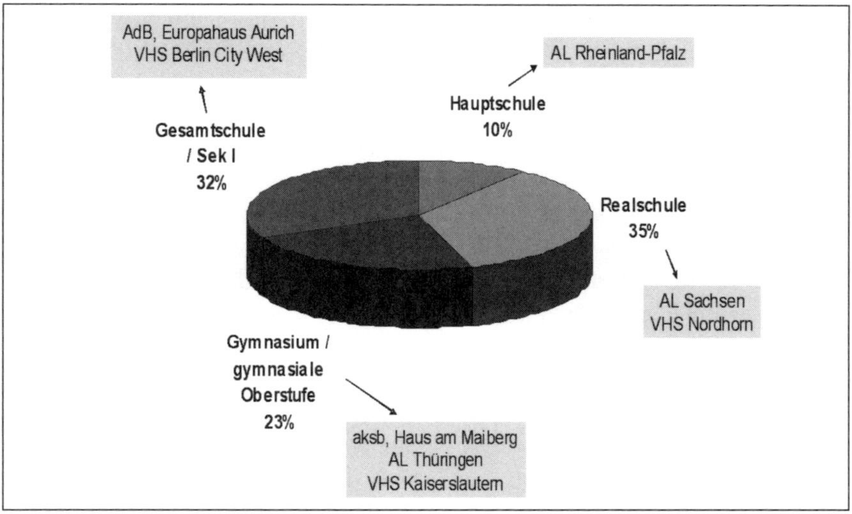

Grafik 2: Schulformen (N=78)

das Ergebnis, dass 63% der Schüler der Aussage (genau) zustimmten „Das Projekt hat unsere Schule bereichert". Die Schülerinnen und Schüler haben demnach in den Projekten einen Mehrwert für ihre Schule gesehen. Dabei bleibt offen, in welchem Gewichtungsverhältnis sich „unsere Schule bereichern" auf die Struktur, die Kooperationsfrage, die Teamer als neues pädagogisches Personal oder die angewandten Methoden bezieht.

... auf die Teamer

Bei den Teamern handelte es sich um neben- oder hauptberufliche Mitarbeiterinnen und Mitarbeiter oder erfahrene und qualifizierte Honorarkräfte der außerschulischen politischen Bildung. Im Gegensatz zu anderen Kooperationsbereichen von Schule wie z.B. in Teilbereichen der Jugendverbandsarbeit (Ehrenamt) und Kooperationen mit Vereinen oder engagierten Einzelpersonen, deren Arbeit sich vor allem auf ehrenamtliche Mitarbeiterinnen und Mitarbeiter oder punktuell eingesetzte Honorarkräfte stützt, waren diese Teamer in der Regel in die Strukturen der Träger eingebunden. Diese strukturelle Verankerung und Anbindung an die Träger erleichterte Monitoring, Reflexion, Evaluation und Fortbildung der eingesetzten Fachkräfte und wurde daher als Qualitätsmerkmal angesehen. Die Teamer nahmen einen besonderen Stellenwert ein. Im Vergleich erhielten sie mit 33% „sehr gut" und 37% „gut" sehr hohe Zufriedenheitswerte (Wie zufrieden warst Du mit den Teamern/Dozenten?) und damit im Durchschnitt die besten Ergebnisse in den Gesamteinschätzungen. Die Schülerinnen und Schüler betonten, dass die Teamer sehr stark auf ihre Interessen und Bedürfnisse eingegangen sind (70% Zustimmung) und die Schülerinnen und Schüler sich mit Problemen an die Teamer wenden konnten (88% Zustimmung). Dies wird als ein Beleg für die hohe soziale und kommunikative Kompetenz der eingesetzten Teamer gewertet. Dieser hohe Zufriedenheitswert ist im Zusammenhang mit der hohen allgemeinen Zufriedenheit mit den Angeboten zu sehen und verweist auf die Bedeutung der Auswahl der Teamer, deren Fort- und Weiterbildung, die Qualität der Arbeits- und Rahmenbedingungen für die Teamer sowie deren Kompetenz und Wissensbestände, die dazu führen, sich mit einem jugendpädagogischen Blick auf die Bedürfnisse der Jugendlichen einzulassen.

Aus Sicht der Jugendarbeitsforschung (vgl. Hafeneger 1998) verweisen diese hohen Werte für die Teamer zudem auf die Grundfigur des „anderen Erwachsenen". Dieser „andere Erwachsene" – „andere", weil es sich hierbei nicht um Eltern und Lehrkräfte handelt – wird von den Jugendlichen bzw. hier den Schülerinnen und Schülern als Gegenüber gebraucht und als Gesprächspartner gesucht und akzeptiert. Nach Aussagen einiger Teamer kamen die Jugendlichen mit der ungewohnten Erwachsenenrolle bzw. Projektleitungsrolle im System Schule nicht immer auf Anhieb zurecht. Damit stellt sich die Frage, ob unterschiedliche Professionen von den Schülerinnen und Schülern als Ressourcen genutzt werden können oder ob diese Vielfalt, die der Ganztag potenziell bietet, von den Schülerinnen und Schülern als verwirrende Verkomplizierung wahrgenommen wird und somit Bildungsprozesse behindert. Im Gegensatz zu den Vermutungen einiger Teamer gaben aber die befragten Teilnehmer an, dass sie mit den unterschiedlichen Rollen gut zurecht kamen. Es scheint, als hätten sie keine Schwierigkeiten im Umgang mit unterschiedlichen pädagogischen Professionen, solange die unterschiedlichen Rollen klar erkennbar sind und die Unterschiedlichkeit auch durch strukturelle Bedingungen deutlich gemacht wird.

... auf die Partizipationsmöglichkeiten und die methodische Gestaltung der Projekte

Im engen Zusammenhang mit der Bewertung der Teamer ist auch die Frage nach den Partizipationsmöglichkeiten der Schülerinnen und Schüler im Rahmen der Projekte zu sehen. Insgesamt 75% der Befragten stimmten der Aussage (genau) zu, dass sie als Teilnehmer das „Programm des Projekts mitgestalten konnten". Eine noch höhere Zustimmung (86%) ergab die Auswertung für die Aussage „Die Teamer sind auf die Ideen der Schülerinnen und Schüler eingegangen". Die Einzelanalyse der Projekte zeigt, dass diese hohen Werte durchgängig in allen Projekten erreicht wurden. Hierin wird eine spezifische Praxis der außerschulischen Jugendbildung deutlich, die auch von den Befragten als solche zustimmend anerkannt und gewürdigt wurde.

In der Umsetzung der außerschulischen politischen Bildung sowie im zugehörigen theoretischen Diskurs spielen Methoden bzw. methodisch-didaktisches Handeln eine bedeutende Rolle. Mithilfe zweier Fragen wurde daher im Fragebogen die diesbezügliche Wahrnehmung der Schülerinnen und Schüler erhoben. Insgesamt lässt sich eine hohe Zufriedenheit mit den eingesetzten Methoden feststellen. So bewerteten 58% der Befragten die Methodenwahl mit „gut“ oder „sehr gut“. Ein deutlich zurückhaltenderes Bild zeichnen die Ergebnisse auf die Vorgabe „In dem Projekt habe ich neue Arten zu arbeiten und zu lernen kennengelernt“. Lediglich 15% der Befragten stimmten dieser Aussage „genau zu“, weitere 33% stimmten „eher zu“. Insgesamt 27% gaben an, diese Aussage treffe „nicht zu“. Selbstredend ist bei der Frage nach dem „Kennenlernen“ von neuen Methoden zu berücksichtigen, welche Methoden im jeweiligen Unterricht auch unabhängig vom Projekt eingesetzt wurden, d.h. mit welchen Methoden die Schülerinnen und Schüler bereits im Vorfeld vertraut waren. Folgt man den Aussagen einiger Projektverantwortlicher, arbeiten einige der Kooperationsschulen auf einem didaktisch hohen Niveau. Eine Begründung zur Durchführung von Kooperationen mit der außerschulischen politischen Jugendbildung kann sich – so lassen sich die Antworten interpretieren – nicht allein auf das vermeintliche Innovationspotenzial der Methoden der außerschulischen Jugendbildung berufen. Vielmehr muss unter anderem zusätzlich die jugendpädagogische Kompetenz der Teamer der außerschulischen (politischen) Bildung in den Vordergrund gestellt werden.

... auf die Inhalte

Grundsätzlich lässt sich eine recht hohe allgemeine Zufriedenheit der Schülerinnen und Schüler mit den Themen der Projekte feststellen. Auf die Frage „Wie zufrieden warst Du mit dem Thema?“ antworteten 23% der Befragten mit „sehr gut“, weitere 44% mit „gut“. In der Mehrzahl der Fälle konnten die Schülerinnen und Schüler aus einer begrenzten Anzahl von Angeboten wählen bzw. das Angebot war als eine Arbeitsgruppe frei zu wählen. Somit ist davon auszugehen, dass sich die Befragten „freiwillig“ für das jeweilige Thema entschieden haben.

In weiteren Fragen wurden die Teilnehmer gebeten, ihre Projekte inhaltlich einzuordnen. Die Aussage „In unserem Projekt ging es um politische Bildung“ sahen 30% der befragten Schülerinnen und Schüler als genau zutreffend an, 35% entschlossen sich zu einem „trifft eher zu“. Interpretationsbedarf besteht bei dieser Frage jedoch in erster Linie in Bezug auf die 15% Nicht-Zustimmung und 20% Unentschiedenheit, die sich aus der Auswertung der Frage ergaben. Da es sich bei dieser Frage um die Einordnung des Projektes handelt, erscheinen diese hohen Werte für Nicht-Zustimmung bzw. Unschlüssigkeit überraschend. Erst die Detailanalyse und Hinweise der Projektverantwortlichen in den Workshops des Gesamtprojekts machten deutlich, dass das Ergebnis in erster Linie auf das jeweilige Sprachspiel in den einzelnen Projekten zurückzuführen ist. Historische Bildung beispielsweise ist im Verständnis der Jugendlichen nicht unbedingt politische Bildung, auch wenn – wie im Fall der durchgeführten Projekte – diese aus fachlicher Sicht eindeutig der politischen Bildung zugeordnet wurde.

Maßgeblich für die thematische Einordnung der Schülerinnen und Schüler ist außerdem, mit welchem Fachlehrer gegebenenfalls zusammengearbeitet wurde. Des Weiteren ist zu beachten, dass jüngere Teilnehmer noch keine bzw. wenig Erfahrung mit politischen Informationen im schulischen Kontext haben, da das entsprechende Fach erst in höheren Klassenstufen gelehrt wird. Aus ihrem Vorverständnis verbinden sie in der Regel wenig mit dem Politikbegriff. Entscheidend für ihr Verständnis und ihre Sicht auf die Projekte ist es, ob die Begriffe „Politik" und „politische Bildung" im Rahmen des Angebots thematisiert und reflektiert wurden. Dies wiederum ist abhängig von den jeweiligen Konzepten, dem Alter der Schülerinnen und Schüler und den Zielen der Träger zu sehen. Hervorzuheben ist an dieser Stelle, dass einige Projekte konzeptionell diesen Anspruch nach Erklärung und Reflexion des Politikbegriffes im engeren Sinne nicht explizit formuliert haben, mit dem Hinweis darauf, dass ihre spezifische Zielgruppe – in Abhängigkeit von Alter und Schulform – mit dem Begriff des Politischen wenig verbinden und sie deshalb über andere Begriffe wie z.B. Konfliktbewältigung, soziales oder historisches Lernen an politische Bildung herangeführt werden. Zusammenfassend kann für die Erfahrungen aus dem Projekt festgehalten werden, dass insgesamt eine stärkere Thematisierung und Diskussion des Politikbegriffs in einzelnen Projekten der politischen Bildung angebracht gewesen wäre. Da politische Bildung als ein für die Jugendlichen schwer zugänglicher Begriff eingeschätzt wird, der insgesamt mit vielen unterschiedlichen Konnotationen verbunden ist, wird in der außerschulischen Bildungspraxis vor diesem Diskurs und der expliziten Reflexion über politische Bildung bzw. „das Politische" häufig zurückgeschreckt. Hier bedarf es weiterer altersspezifischer und methodisch-didaktisch anspruchsvoller Praxis, um Wissen über die adäquate Balance in dieser Frage zu generieren.

Weitere Fragestellungen bezogen sich auf die persönliche Lerndimension sowie auf Auswirkungen auf politisches Interesse und politisches Engagement. 26% der Befragten formulierten ein gestärktes Interesse an Politik und 20% ein verstärktes politisches Engagement. Aus unserer Sicht kann dieses Ergebnis angesichts des Alters der Jugendlichen und einer Laufzeit des Projekts von lediglich einem Schuljahr als hoch eingeschätzt werden. Auf die Aussage „Durch das Projekt habe ich Interesse an politischer Bildung außerhalb der Schule gewonnen“ antworteten 31% bzw. 25% der Schülerinnen und Schüler mit Zustimmung. Insgesamt 36% der Befragten gaben an, gern mehr über die Arbeit der durchführenden Organisation bzw. des Trägers erfahren zu wollen. 26% würden gern an Veranstaltungen des Trägers außerhalb von Schule teilnehmen. Bei dieser Aussage lässt sich eine leichte Abhängigkeit der Antworten vom Alter der Befragten im Sinne eines stärkeren Interesses in höheren Jahrgangsstufen feststellen. Bei allen Antworten konnten weder signifikante geschlechtsspezifische noch migrationsspezifische Unterschiede festgestellt werden.

... auf den Bezug zum Fachbereich Politik/Sozialkunde

Die Expertenbefragungen ergaben, dass in drei Projekten direkter Kontakt mit dem Fachlehrer bzw. der Fachlehrerin in Politik oder Sozialkunde gesucht wurde und demgemäß eine inhaltliche und organisatorische Abstimmung stattfand. Grundsätzlich waren sich in diesen drei Projekten beide Seiten ihrer unterschiedlichen Herangehensweisen und Ziele bewusst, ein intensiver Austausch über das gemeinsame fachliche Thema des Politischen war jedoch nur in Ausnahmen der Fall. In den anderen Projekten war eine Abstimmung zwischen dem Projekt der außerschulischen Bildung und dem Fachbereich Politik/Sozialkunde konzeptionell nicht angedacht bzw. es gab kein Regelangebot in dem genannten Fach. Für die Jugendlichen war ein Zusammenhang zwischen dem Politikunterricht und den Projekten nur begrenzt wahrnehmbar. 41% der Befragten stimmten der Aussage „Das Projekt stand in Zusammenhang mit dem Politikunterricht“ zu, 50% nahmen eine inhaltliche und organisatorische Abstimmung zwischen den Teamern und ihren Politiklehrkräften wahr.

Nach der Darstellung der Perspektive der Schülerinnen und Schüler auf die Einzelprojekte werden im Folgenden die Ergebnisse der qualitativen Befragung der außerschulischen und schulischen Akteure im Rahmen der Kooperationsprojekte vorgestellt.

Die Kooperationsprojekte im Ganztag – Erwartungen und Erfahrungen

Im Zentrum der qualitativen Befragung steht die Kooperationsfrage als der Kern des Evaluationsauftrags. Insgesamt handelt es sich bei den Ergebnissen der Befragung – im Lichte der Literatur zu Kooperationen mit Ganztagsschulen – nicht um zentral neue Erkenntnisse. Vielmehr bestätigt die hier vorliegende

Untersuchung großteils eine Reihe bekannter Gelingensbedingungen bzw. Probleme für Kooperationen außerschulischer Partner mit Schulen bzw. Ganztagsschulen (vgl. Faulde 1996, Blum 2006, Bayerischer Jugendring/Jambus 2006, Kelb 2007).

Die Kooperationsprojekte im Rahmen von „Politik und Partizipation" wurden in der Gesamteinschätzung von allen beteiligten Partnern – außerschulischen wie schulischen – zunächst als sehr positiv bewertet. Acht von zehn befragten Projektverantwortlichen, sieben von neun Teamern sowie sieben von acht Ansprechpartnern der Schulen beschrieben ihre Projekte als gelungen oder gar sehr gelungen. Auch die übrigen Akteure bezeichneten ihr Projekt immerhin noch als teilweise erfolgreich, d.h. einzelne Projektteile waren „gelungen" und andere Projekte haben in Relation zu schwierigen Rahmenbedingungen ein gutes Ergebnis erreicht. Der Lernprozess in der jeweiligen Organisation in Bezug auf die Kooperation mit Ganztagsschulen hält an, unabhängig von der Frage, ob die konkrete im Rahmen von „Politik und Partizipation" initiierte Kooperation weitergeführt wird bzw. sich der Träger weiterhin an dieser Praxis beteiligt.

... aus der Perspektive der Schulen

Kooperationen mit außerschulischen Trägern wurden von den schulischen Interviewpartnern durchweg als eine Bereicherung für ihre Schule eingeschätzt. Insbesondere im Hinblick auf die besonderen Herausforderungen der Gestaltung des Ganztags wurden Kooperationen mit außerschulischen Partnern als eine notwendige Gelingensbedingung für den Erfolg einer Ganztagsschule bezeichnet.

Die Erwartungen der Schulen an Kooperationen mit außerschulischen Trägern beziehen sich zunächst auf die als notwendig erachtete Öffnung von Schule hin zu anderen Institutionen und zum Sozialraum im Sinne einer lokalen oder regionalen Vernetzung. Diese zunächst positiv zu wertende Öffnung ist in der Perspektive der Schulen jedoch in der Regel auf die eigene Institution eingeengt und wird vor allem mit Blick auf die Gewinne für die Schulen diskutiert. Die Befragungen ergaben, dass bei den Schulverantwortlichen – bei großem individuellem Engagement – das Gespür dafür fehlt, unter welchen Bedingungen die außerschulischen Institutionen und gesellschaftlichen Gruppen einen Gewinn von der Kooperation mit Schule haben könnten. Es wird von Seiten der Schule quasi normativ unterstellt, dass – wenn Schule bereit ist zur Öffnung – andere Institutionen ganz selbstverständlich, selbstlos und bereitwillig zur Öffnung von Schule beitragen wollen, können und auch werden.

Eine weitere zentrale Erwartung der Schulen bezieht sich auf die personale Ebene. Die Träger der außerschulischen Jugendbildung bringen einen anderen

Typus des Erwachsenen bzw. eine andere pädagogische Professionalität als Ressource an die Schule. Diesen Personen werden – so die Aussagen der befragten Ansprechpartner der Schulen – gruppendynamische und jugendpädagogische Kompetenzen zugeschrieben, die von Lehrkräften nicht erwartet werden. Mit dieser Würdigung der „anderen“ pädagogischen Professionalität geht eine Selbstbegrenzung der Lehrerrolle einher und es wird auf den Diskurs über die personalen Kompetenzen der Lehrkräfte zwischen den zwei Polen Wissensvermittlung/Schulpädagogik einerseits und Anregung von Selbstbildungsprozessen/Jugendpädagogik andererseits verwiesen. Betont wurde von den Schulen, dass geeignete, fach- und pädagogisch kompetente Teamer zentral für das Gelingen der Angebote sind und damit die Auswahl der Teamer für die Träger oberste Priorität in der Vorbereitung der Projekte haben sollte. Die Beteiligung einer Lehrkraft an der Durchführung des Angebots hat sich laut einiger Schulvertreter als hilfreich erwiesen, sowohl in organisatorischer Hinsicht als auch im Hinblick auf die Akzeptanz der Teamer durch die Schülerinnen und Schüler. Aus Sicht der Evaluatoren ist die Anwesenheit der Lehrkräfte je nach Konzept sinnvoll oder nicht und eine allgemeine diesbezügliche Festlegung fachlich nicht zu rechtfertigen. Im Sinne eines reibungsloseren Ablaufs betonten die Vertreterinnen und Vertreter der Schulen zudem die Notwendigkeit einer besseren Vorbereitung und Fortbildung der Teamer hinsichtlich des Systems Schule und der Zielgruppe der Jugendlichen.

Nicht zuletzt erhoffen sich Schulen von Kooperationen mit außerschulischen Trägern zusätzliche Finanzierungsmöglichkeiten für Angebote außerhalb des regulären schulischen Rahmens. Diese Erwartung konnte im Rahmen des Verbundprojekts nur in den wenigsten Fällen erfüllt werden.

Die bisher genannten Argumente beziehen sich auf die Breite der außerschulischen Träger. Die Schulen unterscheiden dabei nicht erkennbar zwischen den einzelnen Trägerbereichen von Jugendbildung. Betrachtet man die Antworten der Schulvertretungen hinsichtlich von Kooperationen speziell mit dem Bereich der politischen Jugendbildung, zeigt sich vor allem die Hoffnung der Schulen auf ein gestärktes Interesse für Politik, die Erweiterung von Kenntnissen über Politik sowie eine politische Sensibilisierung und Politisierung der Jugendlichen. In einigen Fällen bezogen sich diese Erwartungen auch auf die „Demokratisierung“ der Schule als Institution und den damit einhergehenden Wunsch einer stärkeren Partizipation der Schülerinnen und Schüler. Den Trägern der politischen Bildung wird also nicht nur ein Thema – die politische Bildung – zugesprochen, sondern es wird ihnen auch unterstellt, dass sie durch ihre Arbeit in der Schule die Jugendlichen zur Mitwirkung in der Institution Schule anregen können.

Schulen verstehen die Kooperationsprojekte mit Trägern der politischen Bildung darüber hinaus als eine Möglichkeit, Politik für die Schülerinnen und Schüler erfahrbar und greifbar zu machen. Es wird davon ausgegangen, dass die Angebote der außerschulischen Träger in einer konkreteren, aktivierenden, partizipativeren Art und Weise – beispielsweise über das Einbeziehen von Referenten und Fachleuten aus dem Bereich der Politik (zumeist Kommunalpolitik) und das Lernen an Orten außerhalb von Schule – an den Themenbereich herangehen. Die im Rahmen von außerschulischen Lernorten auftretenden rechtlichen Fragestellungen wurden in den Projekten pragmatisch gelöst.

Schließlich zählen auch die Förderung von sozialem Lernen sowie die individuelle Förderung von im Unterricht weniger aktiven Schülerinnen und Schülern zu den Erwartungen der Schulen an die Kooperationsprojekte. Die strategische Überlegung, dass es zur Bedarfsdeckung an Ganztagsschulangeboten zu systematischen Kooperationen mit verschiedenen potenziellen Anbietern kommen sollte, hatte für die an diesem Projekt beteiligten Schulen nur eine randständige Bedeutung.

... aus der Perspektive der außerschulischen Partner

Die zentrale Motivation für Kooperationen mit Ganztagsschulen wurde von den Befragten der außerschulischen Träger in erster Linie in einer Beteiligung an der aktuellen Ganztagsschulentwicklung, wie sie seit Mitte des Jahrzehnts vehement vorangetrieben wird, gesehen. Mit der zunehmenden Etablierung von Ganztagsschulen eröffnet sich für die Jugendbildung und Jugendarbeit ein neues Arbeitsfeld, das es auch von der politischen Jugendbildung zu erkunden gilt. Die Erprobung neuer Arbeitsstrukturen, die Entwicklung neuer Angebote sowie die Zusammenarbeit mit der Zielgruppe Jugendliche im Kontext Schule, also Schülerinnen und Schüler, wurden als Motive genannt. Darüber hinaus bedeutet die Beteiligung an der Gestaltung des Ganztags eine Weiterentwicklung bereits bestehender erfolgreicher Kooperationen mit Schulen.

Ganztagsschulkooperationen bieten zudem aus Sicht der Träger der politischen Jugendbildung die Möglichkeit, Jugendliche unter dem Dach der Schule neue und andere Lernerfahrungen zu ermöglichen. Außerschulische Lernorte und ganzheitliche Bildungskonzepte der außerschulischen Jugendbildung werden als besondere Qualitäten gesehen.

Zentrales Ziel aller Bestrebungen bleibt für die außerschulischen Träger ein Engagement für die politische Bildung von Jugendlichen. Diese Motivation für das Politische kann nur über neue bzw. zusätzliche Lern- und Lehrformate, zusätzliches jugendpädagogisch ausgebildetes Personal (Teamer) und unterschiedliche Lernorte geweckt bzw. gestärkt werden.

Für die Projektträger und ihre Teamer standen im Hinblick auf die Umsetzung der Angebote vor allem die oftmals hinderlichen Rahmenbedingungen von Schule im Vordergrund. Es stellt sich die Frage, inwieweit es der außerschulischen politischen Jugendbildung gelingen kann, ihre Kriterien im schulischen Kontext umzusetzen. Inwieweit müssen Zugeständnisse gemacht werden? Wie verändert sich das Selbstverständnis außerschulischer Träger? Welchen spezifischen Herausforderungen begegnet politische Jugendbildung im Kontext Schule? Die folgenden Erfahrungen und Befunde beziehen sich auf wichtige Kriterien im Rahmen von Kooperationen zwischen Ganztagsschulen und Trägern politischer Jugendbildung, die von den außerschulischen Akteuren in den Befragungen beschrieben wurden: zeitliche und strukturellen Rahmenbedingungen von Schule, Selbstverständnis der Schülerinnen und Schüler bzw. Jugendlichen, Freiwilligkeit und Partizipation in der Schule sowie Methoden der außerschulischen Bildung am Lernort Schule.

In Bezug auf den Umgang mit den **zeitlichen und strukturellen Rahmenbedingungen von Schule** kann grundsätzlich als Ergebnis festgehalten werden, dass die Konzepte und Formate der außerschulischen politischen Jugendbildung in der Regel mit den Rahmenbedingungen eines klassischen, das heißt regelmäßigen (wöchentlichen) Angebots im Ganztag kollidieren. Vertreter mehrerer Projekte gaben an, dass ihre Angebote des Öfteren in Konkurrenz zu anderen schulischen Angeboten oder gar zum regulären Unterricht standen. Insbesondere für handlungsorientierte Konzepte und Methoden erweist sich die schulische Zeitstruktur in der Regel als ungeeignet. Aktivitäten außerhalb von Schule bzw. Lernen an alternativen Orten laufen konträr zum Schulrhythmus und bedürfen verschiedener Ausnahmeregelungen. Die am Verbundprojekt der GEMINI beteiligten Träger fanden zwei gegensätzliche Herangehensweisen um dieses „Einfädelungsproblem“ zu minimieren oder gar zu lösen. Einige Projekte versuchten, die Angebote sowohl inhaltlich als auch organisatorisch stärker an die schulischen Rahmenbedingungen anzupassen. Inhalte wurden nach ihrer Eignung für einen 45-Minuten-Takt gewählt, auf Exkursionen oder Aktivitäten außerhalb der Schule wurde verzichtet. Im Gegensatz dazu wählten andere Projekte ein Format, das den Schulrhythmus weitgehend umgeht. So wurde aus den Reihen der Projektverantwortlichen die Idee eingebracht, in Form von Wochenendseminaren o.Ä. eine unabhängige Zeitstruktur zu wählen. Bei dieser Lösung stellt sich jedoch die Frage, wie damit noch die Orientierung am Ganztag gewährleistet ist. Erfolgreich im Umgang mit den Rahmenbedingungen waren letztlich vor allem diejenigen Projekte, bei denen eine flexible Handhabung von Seiten der Schule gegeben war. Diese Flexibilität meint nicht nur unproblematische Ausnahmeregelungen (Befreiung einzelner Schülerinnen und Schüler von Unterrichtsstunden etc.), sondern in erster Linie das Bemühen um insgesamt passendere Rahmenbedingungen.

Im Rahmen der Expertenbefragung wurde die Frage thematisiert, ob sich die Jugendlichen am Lernort Schule von Jugendlichen in der außerschulischen Jugendbildung unterscheiden, also von einem anderen **Selbstverständnis** Jugendlicher im Kontext Schule gesprochen werden kann. Etwa zur Hälfte konstatierten die Teamer der Projekte ein bestimmtes ritualisiertes Schülerverhalten, das ihrer Meinung nach durch den Lernort Schule mit seiner spezifischen Lehr- und Lernkultur hervorgerufen wird. Die Schülerinnen und Schüler erwarteten die Teamer demnach in einer Lehrerrolle, das heißt sie gingen von klaren Anweisungen, Vorgaben und disziplinarischen Maßnahmen im Fall von Fehlverhalten oder Verweigerung aus. Die Teamer nahmen eine Vielzahl von Schülerinnen und Schülern zudem als ständig unter (Zensuren-)Druck und Stress stehend und damit schwer zu zusätzlichen Aktivitäten außerhalb des Unterrichts zu motivieren wahr. Die andere Hälfte der Teamer gab an, keinen Unterschied zwischen den Jugendlichen in der Schule und den Jugendlichen in der außerschulischen Jugendbildung festgestellt zu haben.

Die Mehrheit der Projekte konnte eine **Freiwilligkeit der Teilnahme an den Angeboten** bestätigen. In einigen Projekten war jedoch die Freiwilligkeit auf eine Wahlmöglichkeit eingeschränkt, was aufgrund fehlender Zugangsmöglichkeiten zu alternativen Angeboten zu einer unfreiwilligen Teilnahme Einzelner führte. In anderen Fällen wurden sie direkt von der Schulleitung oder Lehrkräften zu einer Teilnahme angeregt, was in Einzelfällen ebenso zu einer unfreiwilligen Teilnahme geführt haben kann. Fälle, in denen also das in der außerschulischen Jugendbildung zentrale Kriterium der Freiwilligkeit in den schulischen Angeboten nicht oder nur eingeschränkt umgesetzt werden konnte, führten nach Wahrnehmung der Teamer zu einer geringen Motivation der Schülerinnen und Schüler.

Eine spezielle Herausforderung stellte das Kriterium **Partizipation im schulischen Kontext** im Hinblick auf die Zielgruppe Schülerinnen und Schüler dar. Wie oben aufgezeigt, wurden die Partizipationsmöglichkeiten im Sinne von aktiver Mitwirkung bei der Gestaltung des Projekts sowie Übernahme von Verantwortung und Entscheidungen von den Jugendlichen sehr positiv aufgenommen und trugen zum Erfolg der Angebote bei. Von den Teamern wurde jedoch gleichzeitig rückgemeldet, dass die Partizipationsanforderung für die Mitwirkenden durchaus auch ungewohnt schien und diese sich teilweise damit überfordert sahen.

Ähnliche Beobachtungen wurden in Bezug auf die Reaktion der Schülerinnen und Schüler auf einige in den Projekten eingesetzte **Methoden der außerschu-**

lischen politischen Bildung gemacht. Wie die Befragung ergab, hatten die Methoden angesichts der guten didaktischen Praxis der Kooperationsschulen in der Mehrheit nur begrenzten Innovationscharakter. Insgesamt nahmen die Jugendlichen die eingesetzten Methoden dennoch positiv auf. Außergewöhnliche Methoden wurden laut Teamer zumeist als Abwechslung vom Schulalltag erlebt. Im Hinblick auf unbekannte, eine aktive Teilnahme einfordernde Methoden wurde von den Teamern zudem beobachtet, dass einige Teilnehmer irritiert, „genervt" und überfordert auf die offensichtlich ungewohnte Anforderung reagierten. Insgesamt jedoch konnte von den Teamern durch den Einsatz von partizipativen Methoden im Verlauf der Projekte ein zunehmendes Interesse, größere Selbstständigkeit und vermehrte Eigeninitiative bei den Schülerinnen und Schülern verbucht werden. Besonders positiv aufgenommen wurden Exkursionen und Aktivitäten außerhalb des schulischen Umfelds (vgl. Ergebnisse der Schülerbefragung). Auch in der Wahrnehmung der Teamer trugen Exkursionen erheblich zum Erfolg der Projekte bei. Insgesamt fanden in sechs der neun Projekte Aktivitäten außerhalb des schulischen Umfeldes statt.

Gelingensbedingungen für Kooperationen mit Ganztagsschulen

Wie bereits erwähnt wurden mit den qualitativen Befragungen der Vertreter der Schulen sowie der außerschulischen Partner die Gelingensbedingungen für Kooperationen zwischen Trägern außerschulischer politischer Jugendbildung und Ganztagsschulen erfragt. In weitgehender Übereinstimmung ergaben sich die folgenden Aspekte:

Als zentral für eine gelingende Kooperation wurde die **Bereitschaft zur Zusammenarbeit**, geprägt durch gegenseitige Wertschätzung und Vertrauen betont. Diese Variable ist von so zentraler Bedeutung, dass sie als unabdingbare Voraussetzung für gelingende Kooperationen formuliert werden kann. In den Kooperationen im Rahmen des GEMINI-Verbundprojekts war diese Bereitschaft an allen Standorten gegeben.

In den meisten Fällen lässt sich diese positive Kommunikationskultur unter anderem darauf zurückführen, dass die Zusammenarbeit auf der Grundlage von **persönlichen Netzwerken** entstand und die relevanten Akteure über gute soziale und kommunikative Kompetenzen verfügten. Diese persönliche Komponente erwies sich ebenfalls von zentraler Bedeutung. Darüber hinaus unterstützten die von der Leitung des Gesamtprojektes durchgeführten Workshops eine offene, transparente, kommunikative Kultur des Miteinanders.

Neben persönlichen Kontakten wurde von beiden Seiten die Notwendigkeit von **funktionierenden Kommunikationsstrukturen** als weitere wesentliche Gelingensbedingung genannt. Für die außerschulischen Partner ist an dieser Stelle eine tiefergreifende strukturelle Einbindung in Abstimmungs- und Organisationsgremien der Schulen von Bedeutung. Für Schulen hingegen scheinen Kommunikationsstrukturen in Form von festen Ansprechpersonen und vereinzelten Gelegenheiten zu Abstimmungen tendenziell ausreichend. Aus Sicht der Evaluatoren ist an dieser Stelle entscheidend, ob die Schule eine adäquate Struktur (bzw. Personalstelle) schafft, die von einer verlässlichen, entscheidungsstarken und kommunikativ kompetenten Person ausgefüllt wird und die diese Vermittlungsarbeit zu den Trägern durchführt.

Des Weiteren ist nach Aussagen der Vertreter der Schulen und der außerschulischen Träger eine **Offenheit für die jeweils andere Arbeitsstruktur** für das Gelingen von Kooperationen unabdingbar. Mit Verweis auf die eigene Institutionslogik von Schulen gehören nach Ansicht der Ansprechpartner der Schulen hierzu insbesondere Flexibilität und Rücksichtnahme auf bestimmte feststehende Rahmenbedingungen des Schultages. Da Flexibilität und Organisationsfähigkeit zu den grundlegenden Merkmalen der außerschulischen Bildungsarbeit gehören, ist es nicht verwunderlich, dass die Akteure aus der politischen Jugendbildung diese Kompetenzen ins Projekt eingebracht haben. Von Seiten der Schulen andererseits wurde keine Struktur geschaffen, um das notwendige Wissen über Schule allgemein und die jeweilige Schule im Speziellen an die Teamer von außerhalb zu vermitteln. Vielmehr findet sich eine Vielzahl von Belegen dafür, dass sich die Teamer das notwendige Strukturwissen mühsam erarbeiten mussten.

Diese fehlende Offenheit der Schulen für die Belange und Bedürfnisse der Träger wurde von den außerschulischen Partnern vielfach bemängelt und als hinderlich für eine gute Kooperation bezeichnet. Die Probleme in der Kommunikation zwischen Teamern und Lehrkräften können somit als ein strukturelles Problem angesehen werden. Einerseits scheinen die Teamerinnen und Teamer die Strukturen der Organisation Schule beachtet und anerkannt zu haben, von Seiten der Schule andererseits wurden aber kaum Anstrengungen unternommen, um die Besonderheiten der Träger und der politischen Jugendbildung zu verstehen und die schulischen Strukturen daran zu orientieren. Zu bedenken ist allerdings, dass die Träger der außerschulischen Jugendbildung dies ihrerseits kaum eingefordert haben.

Aus Sicht der Evaluatoren wird hier die strukturelle Dominanz des Systems Schule gegenüber ihren Kooperationspartnern deutlich. Die Kombination dieser strukturellen Übermacht mit einem mangelnden Selbstbewusstsein der außerschulischen Träger hatte zur Folge, dass im Rahmen des GEMINI-Verbundprojekts ein besseres Verständnis von Seiten der Schule für die Bedürfnisse der Träger nur sehr begrenzt erreicht wurde. Aus unserer Sicht bedarf es einer intensiven systematischen Einführung, Beratung und Begleitung über institutionelle und strukturelle Rahmenbedingungen an der jeweiligen Schule. Dabei gilt es ein besonderes Verfahren zu entwickeln, um die Struktur der Schule außerschulischen Pädagogen auf der analytischen Ebene zu erklären. Letztlich ist eine von beiden Seiten gleichermaßen verantwortete gemeinsame institutionelle und konzeptionelle Weiterentwicklung anzustreben.

Neben den beschriebenen zentralen Aspekten wurden jeweils noch weitere Gelingensbedingungen genannt. So führten die Schulen als einen bedeutsamen Faktor die **finanzielle Absicherung der Kooperation** bzw. zumindest des einzelnen Kooperationsprojekts ins Feld. In dem Modellprojekt wurde die Finanzierung der Kooperationen von Seiten der Träger und – zu einem geringen Anteil – der fördernden Stiftung geleistet. Für die Zukunft bleibt – in jedem einzelnen Bundesland unterschiedlich – herauszuarbeiten, ob den Trägern der politischen Bildung finanzielle Rahmenbedingungen angeboten werden, um im Ganztag so zu agieren, wie es den internen Standards der politischen Jugendbildung entspricht. Für die Träger der außerschulischen Bildung sind weiter reichende rechtliche und finanzielle Rahmenvereinbarungen zwischen Trägern bzw. für die außerschulische Jugendbildung Verantwortlichen und der Schuladministration, im Einzelfalle aber auch zwischen Trägern und Kooperationsschulen langfristig unumgänglich, um die notwendige Planungssicherheit für ein Engagement im Rahmen des Ganztags zu gewährleisten.

Perspektivisch gesehen unterstrichen die Verantwortlichen der außerschulischen Träger zudem die Notwendigkeit der **Entwicklung eines gemeinsamen pädagogischen Selbstverständnisses.** Im Verlauf des Verbundprojektes war eine solche pädagogische Abstimmung und Weiterentwicklung bisher nicht möglich. Die Angebote der Träger politischer Bildung wurden sowohl von Anbieterseite als auch von Schulseite in erster Linie aus einer Dienstleistungsperspektive gesehen und durchgeführt. Für die Entwicklung eines gemeinsamen pädagogischen Verständnisses boten diese strukturellen Bedingungen nicht den notwendigen Rahmen. Eine solche Entwicklung bedarf der strukturellen Einbindung der Angebote der außerschulischen Träger in das System Schule bzw. der Überzeugung, dass beide Systeme sich für eine Zusammenarbeit verändern müssen.

Erst nach einer grundlegenden Klärung dieser strukturellen und organisatorischen Aspekte kann die Frage des gemeinsamen pädagogischen Ansatzes sinnvoll gelöst werden. Bisher war auf Seiten der Schule die nötige Offenheit für derart tiefgreifende strukturelle Veränderungen nicht erkennbar. Schulen und Schuladministration gingen bisher mit einer Haltung an die Kooperationen heran, nach der es bevorzugt darum geht, Partner im Sinne von Dienstleistern für die Lösung der mit dem Ausbau zur Ganztagsschule einhergehenden Probleme zu finden.

Politische Bildung kooperiert im Ganztag – Zusammenfassende Schlussfolgerungen

Betrachtet man die Evaluationsergebnisse im Überblick wird deutlich, dass die politische Jugendbildung bei ihrem „Gang" in den Ganztag im Wesentlichen mit denselben Problemen wie auch andere Bereiche der Jugendbildung und Jugendarbeit zu kämpfen hat. Abschließend soll zusammenfassend über die Chancen politischer Jugendbildung im Ganztag und die für den Bereich der politischen Bildung sensiblen Punkte bzw. spezifischen Hürden von Kooperationen im Ganztag gesprochen werden.

... zur potenziellen Zielgruppen der Angebote

Die Erfahrungen des Verbundprojekts haben gezeigt, dass die Projekte von Trägern politischer Jugendbildung potenziell in **allen Schulformen** angeboten werden können. Bildungsferne Schülerinnen und Schüler können von den Angeboten der Träger der politischen Bildung angesprochen und von ihnen begeistert werden, wenn die persönliche Relevanz politischer Themen, Strukturen und Diskurse praxisnah, alltagsrelevant und altersgerecht zur Geltung kommt. Zudem sind neben der „attraktiven Formulierung des Themas" je nach Alter der Schülerinnen und Schüler die Persönlichkeit der Teamer, Partizipationsmöglichkeiten und die starke Rolle der Peergroup in den Vordergrund zu stellen.

Angebote von Trägern der politischen Bildung können sich – so die Erfahrungen des Verbundprojekts – an **alle Altersstufen** richten. Alterstypische Unterschiede haben jedoch Konsequenzen für die Konzepte, Zeitstruktur und die Gestaltung der Angebote. Bei jüngeren Schülerinnen und Schülern der Sekundarstufe I (Jahrgänge 5 bis 7) ist die Struktur des wöchentlichen Angebots am Nachmittag sinnvoll, da in dieser Altersstufe ein gewisser Betreuungsaspekt mit zu beachten ist und die Verlässlichkeit der Angebote am Nachmittag eine größere Rolle spielt. Auch bei älteren Schülerinnen und Schülern der Sekundarstufe I (Jahrgänge 8 bis 10) kann diese Zeitstruktur genutzt werden. Beim Übergang von der Sekundarstufe I zur Sekundarstufe II sind jedoch zunehmend flexiblere Projektanteile (gruppenbezogene Projektarbeit, alternative Lernorte, Workshops am Wochenende etc.) einzubeziehen. In der Sekundarstufe II ist ein Angebot mit einer flexiblen, auszuhandelnden Zeitstruktur das Mittel der Wahl. Die Gruppen können sowohl auf eine Jahrgangsstufe begrenzt als auch auf zwei bis drei Jahrgänge übergreifend angelegt sein. Zwar erhöht sich bei jahrgangsübergreifenden Gruppen der Organisationsaufwand, dennoch sind reine Klassengruppen nicht anzustreben, da hierbei die Unterrichtssituation dominieren würde und die strukturelle Andersartigkeit des neuen Angebots (am Nachmittag) nicht zur Geltung kommt. Neben den vorhandenen Klassen (oder Kursen) entstehen durch die Angebote neue Lerngruppen.

... zur Gestaltung und Einbindung der Angebote

Das **Prinzip der Freiwilligkeit** in der Jugendarbeit/Jugendbildung ist ein zentraler Wert, seine Einschränkung in der Schulpraxis im Sinne einer eingeschränkten Wahlmöglichkeit – wie im Projekt „Politik und Partizipation" geschehen – ist mit Bedauern zur Kenntnis zu nehmen. Eine gute Koordination und Transparenz der verschiedenen Angebote ist von der Schule sicherzustellen. Wird diese Strukturdienstleistung von der Schule nicht professionell gehandhabt, hat Jugendarbeit (allgemein) ein Problem, und die Chancen auf gelingende Kooperationen schwinden.

Partizipation als Thema und Methode sollte ein wesentliches Merkmal von Angeboten der Träger außerschulischer politischer Bildung im Kontext Schule sein. Wie bereits an vielen Stellen angesprochen und verdeutlicht, sind Partizipation und Aushandlungsprozesse zentrale Kriterien für die Arbeit mit Jugendlichen. Konflikte und ihre Bearbeitung sind in der Gruppe offen zu realisieren. Die vielfältigen Möglichkeiten zur Partizipation sind aus Sicht der Schülerinnen und Schüler ursächlich für den Erfolg der Projekte. Partizipation ist gleichzeitig ein Element der Unverwechselbarkeit im Vergleich zu Angeboten von Trägern außerhalb von Jugendarbeit und Jugendbildung. Diese Grundlagen der Pädagogik der außerschulischen Bildung sind die zentrale Ressource, die ins Schulleben einzubringen ist.

Die **Orientierung am Teamer-Modell** der Jugendbildung ist unumgänglich. Die Teamerrolle ist – wie bereits ausgeführt – insbesondere auch als eine Ergänzungsfigur zum Lehrerbild zu sehen. Angebote von Trägern der politischen Jugendbildung sollten optimalerweise von einem weiblich und männlich besetzten Team durchgeführt werden. Den Teamern kommt – im Sinne des Erfolgs der Angebote bei den Schülerinnen und Schülern – eine Schlüsselrolle zu. Sie agieren zwischen den Rollen des Motivators, Wissensvermittlers, Animateurs, Gruppenpädagogen und Projektmanagers eines selbstorganisierten Projekts. Teamer von Trägern der außerschulischen Jugendbildung sollten sich nicht dazu verleiten lassen, als „Hilfspädagoge" im Bereich der Schulverweigerung/Schulabstinenz instrumentalisiert zu werden. Soll die Vielfalt der pädagogischen Akteure an Schulen als positive Ressource angesehen werden, muss sie in jedem Falle professionell koordiniert und das zusätzliche pädagogische Personal entsprechend vorbereitet und beraten werden. In der Praxis bleiben Schwierigkeiten bei der Umsetzbarkeit dieses Konzepts des „anderen Erwachsenen" im Kontext Schule. Es bleibt eine offene Frage, inwieweit in der Schule ein Spielraum für das Ausagieren jugendpädagogischer Konzeptionen und Rollen im Sinne der Ergänzung der Lehrerrolle tatsächlich besteht.

Die **Verbindung zwischen den Angeboten der Träger politischer Bildung und dem Fachunterricht** hat eine personale (Fachlehrkraft – Teamer) und eine inhaltliche Dimension (Relevanz des Themas für den Unterricht). Inhaltlich besteht die Verbindung zwischen dem Angebot der Träger politischer Bildung und dem Fachunterricht prinzipiell über den Begriff der „politischen Bildung". Die Gemeinsamkeit ist oft die Erarbeitung eines politischen bzw. historisch-politischen Themas. In den Angeboten der außerschulischen Träger spielt dabei die Partizipation der Jugendlichen eine zentrale Rolle. Die pädagogischen Fachkräfte (Teamer) vertreten eine spezifische jugendpädagogische Methodik. Die Themenorientierung vollzieht sich unabhängig vom Lehrplan bzw. der Unterrichtsgestaltung im Fach Politik/Sozialkunde. Die personale Kopplung zwischen Fachlehrkraft und Teamer ist transparent zu machen und mit den Schülerinnen und Schülern zu klären. In der spezifischen Ausgestaltung sind je nach Konzept und den agierenden Personen entweder intensive oder lose Abmachungen zu treffen. Zu enge Vorgaben verbieten sich.

Als Mindestanforderung ist anzustreben, dass die Fachlehrkräfte in Geschichte bzw. Politik zumindest von der Thematik des Angebots wissen und so über das Thema informiert sind. Die Jugendlichen können dann – falls gewünscht – Transferfragen an die Fachkollegen stellen und der Gesamtzusammenhang von politischer Bildung – im Kontext schulischer und außerschulischer politischer Bildung – wird für sie erkennbar. Grundsätzlich ist die Klärung der Zusammenhänge zwischen den Angeboten der außerschulischen Träger und dem Fachunterricht eine Aufgabe, die von den entsprechenden Vertretern beider Seiten unternommen und erfüllt werden muss. Sie trägt nicht zuletzt dazu bei, die Besonderheit der Träger der politischen Jugendbildung im „Konzert" der außerschulischen Anbieter im Ganztag zu verdeutlichen.

Neben dem Bezug zum Fachunterricht sind insbesondere auch die **Schnittstellen zum Schulprogramm** und zum gesamten Curriculum zu suchen und die Thematik von „Demokratiepädagogik, Demokratiebildung und Partizipation in Institutionen" (hier der Schule) ist aufzugreifen. Die Angebote der politischen Bildung können die Aufgabe übernehmen, die gesellschaftliche Relevanz der behandelten Themen zu thematisieren. Darüber hinaus können die Projekte am Polis-Gedanken der Schulgemeinschaft ansetzen und dazu beitragen, den Schülerinnen und Schülern Schule und Schulleben als einen politischen Raum mit Handlungsoptionen nahezubringen.

Hinsichtlich der **„Sichtbarkeit“ des Trägers** in den Angeboten wurde im Rahmen des Verbundprojekts deutlich, dass es leichter ist, eine Bindung an den Träger aufzubauen, wenn die Angebote in den Räumen des außerschulischen Trägers stattfinden. Das Interesse an außerschulischen Maßnahmen der politischen Jugendbildung und das Interesse für die eigenständige Struktur der Träger der politischen Jugendbildung scheint – so die empirischen Ergebnisse unserer Studie – bei weniger als der Hälfte der Jugendlichen gegeben. Je älter die Schülerinnen und Schüler bzw. Jugendlichen sind, desto stärker spielt die Frage der Organisation eine Rolle. Der Träger wird nur dann für die Jugendlichen „sichtbar“, wenn dies vom Träger bzw. den Teamern auch als sinnvoll erachtet und konzeptionell umgesetzt wird.

… zu den Herausforderungen der Kooperation

Bei den derzeitigen Rahmenbedingungen ist der für die Kooperationen zu erbringende **Organisationsaufwand** für die einzelnen außerschulischen Träger sehr groß. Im Rahmen des Verbundprojekts mussten sämtliche **notwendigen Ressourcen** von den außerschulischen Trägern erbracht werden, während die Schulen sich in der Mehrheit in einer abwartenden Haltung präsentierten und die Angebote dankbar entgegennahmen. Am Engagement der Schule im Hinblick auf eine Bezugnahme auf die Eigenlogik der externen Kooperationspartner wird sich die weitere Entwicklung hin zu einer qualitativ hochwertigen Ganztagsbildung entscheiden. Aus Sicht der Träger der politischen Bildung ist ein Engagement, wie es im Verbundprojekt aufgebracht wurde, nur bei zusätzlichen finanziellen Ressourcen leistbar. Werden für die außerschulischen Träger und die Schulen einschließlich der jeweiligen Koordinationsanstrengungen keine ausreichenden finanziellen Ressourcen zur Verfügung gestellt, lohnt sich der Aufwand aus Sicht der Träger nicht. Das Zur-Verfügung-Stellen von zusätzlichen Lehrerstunden auf Seiten der Schule reicht bei Weitem nicht aus. Aus Sicht der politischen Jugendbildung muss ein regionales Engagement auf breiterer Basis, das heißt ein Angebot, das sich an mehrere Schulen richtet, in den Blick genommen werden, wenn sie sich weiter im Ganztag etablieren will.

Als Bedingung für eine gelingende Kooperation ist die explizite Bereitschaft zur Zusammenarbeit, geprägt durch gegenseitige Wertschätzung und Vertrauen zu betonen. Entscheidend sind **funktionierende Kommunikationsstrukturen**, die sich nicht selten auf persönliche Kontakte zwischen Träger- und Schulvertretern stützen. Für die Seite der außerschulischen Partner bleibt eine strukturelle Verankerung der Kommunikation eine notwendige Voraussetzung ihrer Arbeit. Hier fehlt es bei den Verantwortlichen in den Schulen oft an der Einsicht in die Notwendigkeit des Aufbaus und der Pflege von kommunikativen Ritualen,

Räumen und Gelegenheiten des Austauschs zwischen Schule und außerschulischen Trägern bzw. den entsprechenden pädagogischen Fachkräften. Im Rahmen von „Politik und Partizipation“ wurden auf Ebene der Einzelprojekte im Projektzeitraum sicherlich Einzelerfolge im Hinblick auf die Verbesserung der Kooperationen erreicht.

Organisatorische Schwierigkeiten wurden im Verlauf des Projektjahres deutlich erkennbar und können bei Fortsetzung der Kooperationen besser im Vorfeld geregelt werden. In einigen Fällen kann auch von einem verbesserten Bewusstsein für die für Kooperationen erforderliche Öffnung von Schulen bei den Vertretern der Schulen gesprochen werden. Wird von Seiten der Bildungsverwaltung nicht auf die Bedeutung einer kognitiven und organisatorischen **Perspektivenübernahme** von Schule auf die außerschulischen Träger insistiert und wird dieser Prozess nicht organisatorisch implementiert, wird die Hauptlast der Kooperationsleistung jedoch auf Seiten der Träger der außerschulischen Bildung verbleiben. Diese kann, wie oben ausgeführt, die Ressource ihrer Mitarbeit im Ganztag aber außerhalb eines solchen Modellprojektes nicht erbringen.

Die zu Beginn des Verbundprojektes formulierten Ziele („Visionen“) einer **Beeinflussung von Schulstrukturen im Ganztag** wurden insgesamt nicht erreicht. Dieser Anspruch wurde im Verlauf des Projektzeitraums realistischerweise auch nach und nach minimiert. Eine erkennbare Beeinflussung oder gar Veränderung von starken Strukturen war im Verlauf eines Projektjahres nicht zu erwarten. Die Schulen als Kooperationspartner zeigten sich im Wesentlichen nicht zu strukturellen Veränderungen bereit, sondern die Verantwortlichen gingen davon aus, dass tendenziell eine Anpassung der außerschulischen Partner an die schulischen Rahmenbedingungen der Weg zu erfolgreichen, organisatorisch unkomplizierten Kooperationen sei. Tatsächlich muss es aber eine Win-win-Situation für beide Seiten geben, wenn die Kooperation auf Dauer angelegt sein soll. Hierfür muss sich die politische Jugendbildung noch intensiver in den pädagogischen Fachdiskurs einbringen und die notwendigen strukturellen Änderungen im Sinne einer Schaffung von besseren Rahmenbedingungen für Kooperationspartner einfordern.

... zur Bedeutung des Politikbegriffs und Notwendigkeit einer strategischen Positionierung der Träger politischer Jugendbildung

Notwendig ist die intensive **Thematisierung und Reflexion des Politikbegriffs** im Rahmen von entsprechenden Ankündigungen und Angeboten. Ein Projekt, das sich dem Bereich der politischen Jugendbildung zuordnet, sollte in der

Wahrnehmung der Schülerinnen und Schüler als ein solches auch erkennbar sein. Die Beschäftigung mit dem „Politischen" ist bei aller gerechtfertigten Vielfalt eine unhintergehbare gemeinsame Forderung an Projekte der politischen Jugendbildung. Dabei sind unterschiedliche Reichweiten des Politikbegriffs sowie die Dimensionen Altersgruppe und Schulform zu berücksichtigen. Auf Trägerebene, die im Rahmen des Verbundprojekts durch eine Steuerungsgruppe vertreten war, wurde die Unterschiedlichkeit im Verständnis von Politik und von politischer Jugendbildung von Beginn an akzeptiert. Dieser pragmatische Umgang hat dem Gesamtprojekt sehr geholfen.

Zwar sollte – so unser Vorschlag – die interne Differenziertheit weiter im Binnendiskurs gepflegt werden, aber für die zukünftige Positionierung auf der Bildungsagenda ist eine stärkere Fokussierung und Wiedererkennbarkeit der politischen Jugendbildung notwendig. Es muss der außerschulischen politischen Bildung gelingen, ein für Schulen erkennbares Profil herauszuarbeiten, zur Diskussion zu stellen und auf der Ebene der lokalen Praxis umzusetzen. Aus den Interviews mit den Vertretern der Schulen wurde deutlich, dass diese sowohl nicht zwischen den unterschiedlichen Trägern politischer Jugendbildung als auch nicht zwischen politischer Jugendbildung und allgemeiner Jugendarbeit differenzieren. Für das bestehende plurale Trägergeflecht der außerschulischen Partner aus der Jugendarbeit ist eine gemeinsame Positionierung nach außen notwendig. Politische Jugendbildung muss einerseits als ein eigenständiger Bereich wahrnehmbar sein und sich andererseits unter dem Dach von Jugendbildung und Jugendarbeit als externe Akteursgruppe für die Zusammenarbeit mit Schule empfehlen. Da im Verlauf des Verbundprojekts deutlich wurde, dass sich eine solche gemeinsame Positionierung aufgrund der Unterschiedlichkeit auf der fachlichen Ebene schwerlich an einem gemeinsamen Politikbegriff orientieren kann, hat sich die Profilbildung auf der strategisch-pragmatischen Ebene bewegt.

Aus Sicht der Schule bieten sich aus Vereinfachungsgründen verschiedene Kooperationsgruppen/Konsortien als Partner an. Die Differenziertheit der Trägerlandschaft im außerschulischen Bereich ist aus Sicht der Schule schwer zu handhaben. In dieser Lage hat die politische Jugendbildung nur die Chance, unter dem Dach der Kooperation von Schule mit außerschulischen Partnern bzw. Kooperation von Schule und Jugendhilfe bzw. Kooperation Schule und Jugendarbeit zu subsumieren. Die größte Nähe hat die politische Jugendbildung mit der allgemeinen Jugendarbeit, der Jugendbildungsarbeit, der Jugendverbandsarbeit und der kulturellen Jugendbildung bzw. dem Sport. Um sich hier als Kooperationsgruppen zu positionieren, bedarf es einer konzertierten Aktion von Seiten der politischen Jugendbildung im Sinne einer offensiven Ansprache der potenziellen Mitstreiter.

... in Bezug auf die bildungspolitisch-strukturelle Ebene

Die politische Jugendbildung ist förderpolitisch an der Landes- und Bundesebene orientiert und insbesondere über die Bundesebene vernetzt. Die einzelnen Einrichtungen der politischen Jugendbildung haben je nach Verband einen stärkeren oder schwächeren Bezug zur kommunalen Ebene. Während die Volkshochschulen naturgemäß einen starken kommunalen Bezug haben bzw. – je nach Bundesland – sich in kommunaler Trägerschaft befinden, haben die Bildungsstätten je nach Lage und Konzeption einen eher geringen Bezug zur kommunalen Ebene und je nach Konzept und Fachpolitik zur Landespolitik, hier meist dem Sozial- und Jugendministerium. Im Gegensatz zur politischen Jugendbildung ist die Schule/das Bildungswesen föderal bzw. landespolitisch organisiert und die einzelnen Bundesländer organisieren ihr Ganztagsschulprogramm nach spezifischen Ländervorgaben. Auch die einzelne Schwerpunktsetzung in Bezug auf die Ganztagsschulentwicklung geschieht auf Länderebene. Demgegenüber fehlt die politische Jugendbildung als eigenständige Institution jedoch auf Länderebene. Diese strukturelle und förderpolitische Verschiedenheit des schulischen und außerschulischen Bildungssystems bildet eine zusätzliche Herausforderung bei der Umsetzung von Kooperationen zwischen diesen Bereichen.

Fazit eines gelungenen Modellprojekts

Das Modellprojekt der GEMINI hat aus unserer Sicht eindeutig den Ertrag einer Kooperation zwischen Ganztagsschulen und Trägern außerschulischer politischer Jugendbildung bei den Schülerinnen und Schülern, den Lehrkräften, der Schule und den Trägern der politischen Bildung deutlich gemacht. Dabei wurden auch die Anforderungen an die finanziellen, konzeptionellen, bildungspolitisch-strukturellen und pädagogischen Rahmenbedingungen präzisiert.

Die im Rahmen des Verbundprojekts durchgeführten Einzelprojekte können alle als erfolgreich bezeichnet werden. Im Wesentlichen haben alle Projekte ihre gesteckten Ziele in Bezug auf die Akzeptanz und den Lernerfolg bei den Schülerinnen und Schülern erreicht. Auch die Organisation und Durchführung des Verbundprojekts im Hinblick auf die Steuerung der Einzelprojekte war reibungslos und ist sehr gut gelungen. Insbesondere die Steuerung und Reflexion der Einzelprojekte in den Workshops erwies sich für den Verlauf des Gesamtprojekts als sehr hilfreich. Für eine erfolgreiche weitere Beteiligung der Träger politischer Bildung an der Gestaltung des Ganztags ist eine vergleichbare Plattform zur Steuerung der Prozesse und zur Praxisevaluation unabdingbar.

Zwei von neun der durchgeführten Projekte setzten ihr Engagement in unveränderter Form in ihren Kooperationsschulen fort. Zwei weitere Projekte haben sich zu anderen Angebotsformaten entschlossen und sich aus der Mitgestaltung des Ganztags zurückgezogen bzw. ihr Engagement wieder auf die in der Tradition gut eingespielten Schulkooperationen zurückverlagert. Insgesamt hat die politische Jugendbildung bei ihrem „Gang" in den Ganztag mit denselben Problemen wie auch andere Bereiche der Jugendbildung und Jugendarbeit zu kämpfen. Aspekte wie etwa die Umsetzung des „alternativen Lernorts" und der Umgang mit Zeitstrukturen von Schule konnten als sensible Punkte bzw. spezifische Hürden für Kooperationen zwischen Trägern politischer Jugendbildung und Ganztagsschule identifiziert werden.

Anmerkungen

1 Im Folgenden wird der Einfachheit halber der Begriff „Teamer" verwendet. Gemeint sind jeweils diejenigen Personen, die mit den Schülern im Rahmen des Projekts gearbeitet haben. Wegen der besseren Lesbarkeit wurde hier auf die weibliche Form verzichtet.

2 Die Maske für den Fragebogen wurde freundlicherweise von Wolfgang Ilg zur Verfügung gestellt und entsprechend verändert. Sie wurde im Projekt Freizeitenevaluation – siehe *www.freizeitenevaluation.de* – erfolgreich erprobt.

3 Der potenzielle familiäre Migrationshintergrund der Schüler wurde aus der Kombination der Antworten auf die Fragen nach Staatsangehörigkeit und Geburtsland der Schüler sowie dem Herkunftsland der Eltern geschlossen.

Literatur

Appel, Stefan/Ludwig, Harald u.a. (Hrsg.) (2005): Jahrbuch Ganztagsschule. Schulkooperationen, Schwalbach/Ts.

Appel, Stefan/ Rutz, Georg (2005): Handbuch Ganztagsschule. Konzeption, Einrichtung, Organisation, Schwalbach/Ts.

Balser, Andreas/Nonnenmacher, Frank (1997): Die Lehrpläne zur politischen Bildung. Analyse und Kritik neuerer Rahmenpläne und Richtlinien der Bundesländer für die Sekundarstufe I, Schwalbach/Ts.

Bayerischer Jugendring (Hrsg.) (2006): Abschlussbericht: j.a.m.b.u.s. „Jugendarbeit macht Bildung und Schule", Modellprojekt des Bayerischen Jugendrings, München (siehe auch www.jambus.bjr.de).

Becker, Helle (2004): Kompetent und zukunftsfähig? Zwei relevante Aspekte der aktuellen Bildungsdebatte für die politische (Jugend-)Bildung. Expertise für die Bundeszentrale für politische Bildung (als pdf-Datei erhältlich unter www.politikundpartizipation.de).

Behr-Heintze, Andrea/Lipski, Jens (2005): Schulkooperationen. Stand und Perspektiven der Zusammenarbeit zwischen Schulen und ihren Partnern, Schwalbach/Ts.

Blum, Andreas (2006): Handbuch Zusammenarbeit macht Schule. Kooperation von Jugendarbeit und Ganztagsschule, Schwalbach/Ts.

Breit, Gotthard/Massing, Peter (Hrsg.) (2003): Jugend und Politik, Schwalbach/Ts.

Bundesvereinigung Kulturelle Kinder- und Jugendbildung (BKJ): Kultur macht Schule: www.kultur-macht-schule.de.

Burdewick, Ingrid (2003): Jugend – Politik – Anerkennung. Eine qualitative empirische Studie zur politischen Partizipation 11- bis 18-Jähriger, Bonn, Lizenzausgabe der bpb.

Burdewick, Ingrid (2003): Moralentwicklung und politische Urteilsfähigkeit im Kindes- und Jugendalter. In: deutsche jugend 6/03, S. 265-273.

Deinet, Ulrich (2002): Schule und Jugendarbeit – Von der Kooperation zur freundlichen Übernahme? In: deutsche jugend, 7-8/02, S. 327-335.

Deutsche Shell (Hrsg.) (2002): Jugend 2002. 14. Shell Jugendstudie. Zwischen pragmatischem Idealismus und robustem Materialismus. Frankfurt/M.

Deutsche Shell (Hrsg.) (2006): Jugend 2006. 15. Shell Jugendstudie – Eine pragmatische Generation unter Druck, Frankfurt/M.

Deutscher Bundestag (2005): Antwort der Bundesregierung auf die Große Anfrage: Jugend in Deutschland, Berlin, Bundestagsdrucksache 15/5028.

Eith, Ulrich/Rosenzweig, Beate (Hrsg.) (2005): Jugend und Politik. Bestandsaufnahme, Bewertungen und Konsequenzen, Schwalbach/Ts.

Erben, Friedrun/Waldmann, Klaus (Hrsg.) (2008): Lernziel Verantwortung. Politische Jugendbildung und Schule, Schwalbach/Ts. (vgl. Homepage www.politische-jugendbildung-et.de).

Faulde, Joachim (1996): Schule und außerschulische Jugendbildung. Eine Untersuchung zu institutionellen Aspekten der Kooperation, Weinheim.

Fritz, Karsten/Maier, Katharina u.a. (2006): Politische Erwachsenenbildung. Trendbericht zur empirischen Wirklichkeit der politischen Bildungsarbeit in Deutschland, Weinheim/München.

Fritzsche, Yvonne (2005): Jugend und Politik: „Ich habe andere Sorgen als Politik" – Drei Abgesänge. In: Eith, Ulrich/Rosenzweig, Beate (Hrsg.): Jugend und Politik. Bestandsaufnahme, Bewertungen und Konsequenzen, Schwalbach/Ts., S. 57-78.

Gaiser, Wolfgang/de Rijke, Johann (2005): Politische Partizipation von Jugendlichen und jungen Erwachsenen – Eine empirische Bestandsaufnahme. In: Eith, Ulrich/Rosenzweig, Beate (Hrsg.): Jugend und Politik. Bestandsaufnahme, Bewertungen und Konsequenzen, Schwalbach/Ts., S. 34-56.

Gaiser, Wolfgang/Gille, Martina u.a. (2003): Jugend und Politik – Entwicklungen in den 90er Jahren. In: Breit, Gotthard/Massing, Peter (Hrsg.): Jugend und Politik. Eine Einführung. Schwalbach/Ts., S. 60-94.

Gille, Martina/Sardei-Biermann, Sabine u.a. (2006): Jugendliche und junge Erwachsene in Deutschland. Lebensverhältnisse, Werte und gesellschaftliche Beteiligung 12- bis 29-Jähriger. Schriften des deutschen Jugendinstituts. Jugendsurvey 3, Wiesbaden.

Hafeneger, Benno (1998): Der pädagogische Bezug. Thesen zur Standortbestimmung einer vernachlässigten Dimension der Jugendarbeit. In: Kiesel, Doron/ Scherr, Albert u.a. (1998): Standortbestimmung Jugendarbeit. Theoretische Orientierungen und empirische Befunde, Schwalbach/Ts., S. 104-126

Hafeneger, Benno (Hrsg.) (2005): Subjektdiagnosen. Subjekt, Modernisierung und Bildung. Schwalbach/Ts.

Hartnuß, Birger/Maykus, Stephan (Hrsg.) (2004): Handbuch Kooperation von Jugendhilfe und Schule, Berlin.

Helsper, Werner u.a. (2006): Unpolitische Jugend. Eine Studie zum Verhältnis von Schule, Anerkennung und Politik, Wiesbaden.

Höhmann, Katrin/Holtappels, Hans Günther u.a. (2005): Entwicklung und Organisation von Ganztagsschulen. Beiträge zur Bildungsforschung und Schulentwicklung, Band 23, Dortmund.

Holtappels, Hans Günther/Höhmann, Katrin (2005): Schulentwicklung und Schulwirklichkeit. Systemsteuerung, Bildungschancen und Entwicklung der Schule, Weinheim und München.

Holtappels, Hans Günther/Klieme, Eckhard u.a. (Hrsg.) (2007): Ganztagsschule in Deutschland. Ergebnisse der Ausgangserhebung der „Studie zur Entwicklung von Ganztagsschulen" (StEG). Studien zur ganztägigen Bildung, Band 1. Weinheim und München.

Kelb, Viola (2006): Kulturelle Bildung und Ganztagsschulen: Rahmenbedingungen und Umsetzung von Kooperation in den Ländern. Eine Ländersynopse. Stand 01.06.2006, zum Download unter www.kultur-macht-schule.de.

Kelb, Viola (Hrsg.) (2007): Kultur macht Schule: Innovative Bildungsallianzen – Neue Lernqualitäten. Schriftenreihe Kulturelle Bildung vol. 3, München.

Kiesel, Doron/Scherr, Albert u.a. (1998): Standortbestimmung Jugendarbeit. Theoretische Orientierungen und empirische Befunde. Schwalbach/Ts.

Lehrplandatenbank der politischen Bildung: www.lehrplaene.org

Pauli, Bettina (2006): Kooperation von Jugendarbeit und Schule: Chancen und Risiken, Schwalbach/Ts.

Rauschenbach, Thomas/Düx, Wiebken u.a. (Hrsg.) (2006): Informelles Lernen im Jugendalter. Vernachlässigte Dimension der Bildungsdebatte, Weinheim u. München.

Riß, Katrin/Thimmel Andreas (2006): Evaluationsbericht zum GEMINI-Verbundprojekt „Politik und Partizipation in der Ganztagsschule", zum Download unter www.politikundpartizipation.de

Sander, Wolfgang (2001): Politik entdecken – Freiheit leben. Neue Lernkulturen in der politischen Bildung, Schwalbach/Ts.

Schirp, Jochem/ Schlichte, Cordula u.a. (2004): Annäherungen. Beiträge zur Zusammenarbeit von Jugendhilfe und Schule, Butzbach.

Schlichte, Cordula/Stolz, Heinz-Jürgen (2004): Kooperation von Jugendhilfe und Schule in Deutschland: Hessen. In: Hartnuß, Birger/Maykus, Stephan (Hrsg.): Handbuch Kooperation von Jugendhilfe und Schule, Berlin, S. 696-708.

Schlichte, Cordula/Stolz, Heinz-Jürgen (2004): Regionale Kooperation von Jugendhilfe und Schule in Hessen – Bericht an das Hessische Sozialministerium (HSM). Erhebung 2003. Ms. 2004 (als pdf-Datei erhältlich).

Schneekloth, Ulrich (2002): Demokratie, ja – Politik, nein? Einstellungen Jugendlicher zur Politik. In: Deutsche Shell: Jugend 2002. 14. Shell Jugendstudie. Zwischen pragmatischem Idealismus und robustem Materialismus, Frankfurt/M., S. 91-138.

Schröder, Achim/Balzter, Nadine u.a (Hrsg.) (2004): Politische Jugendbildung auf dem Prüfstand. Ergebnisse einer bundesweiten Evaluation, Weinheim/München.

Schröder, Achim/Leonhardt, Ulrike (2007): Evaluation des Aktionsprogramms des Hessischen Sozialministeriums: PKJS: Partizipation und Kooperation zwischen Jugendarbeit und Schule, siehe www.pkjs.h-da.de.

sowi-online – Sozialwissenschaften und ihre Didaktik: www.sowi-online.de/links/polbil.htm

Stolz, Heinz-Jürgen (2000): Regionale Kooperation von Jugendhilfe und Schule in Hessen – Bericht an das Hessische Sozialministerium, Ms. 2000 (als pdf-Datei erhältlich).

Theunert, Helga/Schorb, Bernd (2000): Nicht desinteressiert, aber eigene Interessen. Jugend, Politik, Fernsehinformation. In: Zeitschrift merz – medien und erziehung 4/2000, S. 219-228.

Thimmel, Andreas (2005): Kommunikation zwischen Jugend und Politik – Voraussetzungen für einen Dialog. Vortrag am 04.06.2005 beim jugendpolitischen Symposium der Evangelischen Jugend in Rheinland-Pfalz. pdf-Datei unter www.fh-koeln.de.

Helle Becker und Ina Bielenberg

In der Summe gleich: Empirische Befunde zur außerschulischen Jugendbildung im Ganztag

Zwei Trägergruppen außerschulischer Jugendbildung haben sich in den Jahren 2004 bis 2006 entschlossen, erste Erfahrungen mit Kooperationen mit Ganztagsschulen zu sammeln und auszuwerten: für die kulturelle Kinder- und Jugendbildung die Bundesvereinigung kulturelle Jugendbildung (BKJ) mit ihrem Projekt „Kultur macht Schule" (*www.kultur-macht-schule.de)* und für die politische Jugendbildung die Gemeinsame Initiative der Träger politischer Jugendbildung (GEMINI) mit dem Projekt „Politik & Partizipation in der Ganztagsschule" (*www.politikundpartizipation.de).* Die Projekte, beide unter anderem gefördert durch die Stiftung Deutsche Jugendmarke, brachten Erkenntnisse aus der Sicht zweier Bereiche der Jugendarbeit, die strukturelle und pädagogische Ähnlichkeiten aufweisen sowie vergleichbare Prämissen und Bedingungen für ihre Arbeitsfelder haben.

Beide Projekte entsprangen der Überlegung, erstens die Gelingensbedingungen zu eruieren, die notwendig sind, um in den Kooperationen die Spezifik außerschulischer kultureller bzw. politischer Bildung nicht nur einzubringen, sondern sie zu erhalten, und sich zweitens, auf fachlicher und vor allem auch politischer Ebene für ihre Schaffung bzw. ihren Erhalt einzusetzen. Kurzum: Beide Projekte wollten das „Projekt Ganztagsschule", wie die Jugendberichtskommission es nennt, nicht allein der Schule überlassen, sondern Erkenntnisse sammeln, um gemeinsam zu einer neuen Gestaltung der Lern- und Lebenswelt von Kindern und Jugendlichen zu kommen. Und in der Tat erbrachten beide Projekte Hinweise auf fachübergreifende Gelingensbedingungen, die durch die Evaluationen der Projekte (vgl. Becker 2007, Riß/Thimmel 2006) gestützt werden.

Außerschulische Jugendbildung

Außerschulische Jugendbildung hat im Gegensatz zu anderen Feldern der Jugendhilfe einen genau umrissenen Sachbezug. Neben allgemeinpädagogischen Intentionen geht es in beiden oben genannten Arbeitsfeldern um ein Themengebiet – Kunst und Kultur sowie Politik und das Politische –, aus dem fachspezifisches Wissen vermittelt, Erfahrungen ermöglicht und eigene gestalterische Kompetenzen herausgebildet werden. Damit geht es auch um Fragen der Didaktik. Der Sachbezug erweist sich in der Kooperation mit der Schule auch als Fachbezug: Kulturelle Jugendbildung hat ebenso wie politische Jugendbildung eine eigene Beziehung zu Schulfächern, die Akteure der außerschulischen Bildung in der Schule treffen auf Fachkolleginnen und -kollegen: Politik-, Sozialkunde- oder Geschichtslehrkräfte, Musik-, Deutsch- oder Kunstlehrerinnen und -lehrer.

Außerschulische Jugendbildung hat für die Vermittlung dieser Sache ein eigenes pädagogisches Leitbild und eigene didaktische Grundsätze. Sie ist geprägt von den Prämissen der Jugendarbeit, Freiwilligkeit und Partizipation, aber auch von der Vorstellung, dass Bildung Selbstbildung sei und Bildungsaufgaben sich erst dann so nennen dürfen, wenn sie selbst gewählt wurden. Sie ist damit spezialisiert auf individuelle Bildungsprozesse, die von den Interessen und Bedürfnissen von Kindern und Jugendlichen ausgehen und diese frei und ohne Zwang, individuell, verschieden, mit unterschiedlichen Geschwindigkeiten, Methoden und Formaten darin unterstützt, selbstgestellte Aufgaben zu lösen oder Ergebnisse zu erreichen. Sie inszeniert die möglichen Ausgangspunkte, aber sie setzt keine Leistungsstandards, Lösungen oder Resultate als unbedingt zu erreichende voraus.

In der kulturellen und in der politischen Bildung spielen verschiedene außerschulische Bildungsorte, Facheinrichtungen und auch nicht-pädagogische Lernorte eine Rolle. Beide Bereiche verfügen über eigene Bildungsorte, mit denen eine spezielle Pädagogik institutionalisiert ist: Jugendkunst- oder Jugendmusikschulen zum Beispiel oder für die politische Bildung typischerweise die Jugendbildungsstätten. Andere Lernorte sind beispielsweise die Volkshochschulen, Museen oder Betriebe, Theater oder Film- und Musikstudios. In beiden Bereichen werden Angebote auch direkt im Sozialraum von Kindern und Jugendlichen gemacht: im Stadtteil oder der Siedlung, auf der Straße, im Park, an allen Orten, an denen Kinder und Jugendliche sich aufhalten.

Die hier beschriebenen Besonderheiten politischer und kultureller Jugendbildung, die zugleich pädagogische Qualitäten ausmachen, lieferten eine hinreichende Begründung, genauer zu untersuchen, welche Rolle diese in der Zusammenarbeit mit der Ganztagsschule spielen. Denn während in den bisherigen, zahlreich vorhandenen Kooperationen zwischen außerschulischer Jugendbildung und Schulen diese Besonderheiten oft der Grund sind, warum sich Schulen überhaupt für ein gemeinsames Projekt interessieren, erscheint es trotzdem auf den ersten Blick so, als wenn sie in der Ganztagsschule mit anderen räumlichen und zeitlichen Bedingungen schwierig zu erhalten seien.

Kommunikation ist (fast) alles

Zunächst einmal: Die beste Voraussetzung besteht, wenn die oben genannten Besonderheiten außerschulischer Jugendbildung von den schulischen Akteuren (Schule, Eltern, zuständige Verwaltung) nicht nur hingenommen, sondern gewollt werden. Das setzt gegenseitiges Wissen über diese Besonderheiten sowie die Anerkennung der Fachlichkeit des Partners voraus. Gelingende Kooperationen werden daher durchweg getragen von einer beiderseitigen hohen Motivation, großem persönlichen Engagement und guten persönlichen Beziehungen (vgl. Riß/Thimmel 2006, 37). Es ist wenig verwunderlich, dass solche Kooperationen weniger organisatorische Probleme haben als andere, ja sogar äußere Bedingungen wie beispielsweise administrative Hindernisse leichter meistern (vgl. Becker 2007, 42-46).

Gemeinsame Konzepte

Ist die persönliche Bereitschaft zur gegenseitigen Anerkennung der Partner gegeben, ist für die Träger für eine gelingende Zusammenarbeit perspektivisch die pädagogisch-fachliche Auseinandersetzung am wichtigsten. So wünschte sich die Mehrheit der in der Evaluation befragten Träger kultureller Bildung (58,5 %) eine engere Zusammenarbeit mit der Schule (Becker 2007, 62). Auch die am Projekt „P&P" der politischen Jugendbildung beteiligten Träger wünschten von Anfang an eine engere Einbindung in programmatische und konzeptionelle Überlegungen der Partnerschulen (Becker 2006, 37). Die Gründe dafür sind neben einer als organisatorisch ungenügend empfundenen Einbindung sowohl der Träger selbst als auch ihrer Angebote in den sonstigen Schulalltag (mangelnde zeitliche, räumliche Abstimmung) vor allem das deutlich artikulierte Engagement der Träger für eine gemeinsam zu gestaltende Bildungsreform und damit eine abgestimmte pädagogische Konzeption (vgl. Becker 2007, 21f., Riß/Thimmel, 36f. und 58).

Eine „verträgliche" Abstimmung schulischer und nicht-schulischer Bildungsinszenierungen, bei der die Qualitäten beider erhalten bleiben und sich gegenseitig befruchten, wurde daher auch nicht als ein bloßes konfliktfreies Nebeneinander beider Bereiche verstanden. Dabei war weniger relevant, ob es sich um ein zeitliches Nebeneinander, also um die organisatorische Trennung in den Vor- und Nachmittag handelte. Dies wurde nicht als Kriterium für gute oder schlechte Zusammenarbeit gewertet. Viel schwerwiegender war die pädagogische Stimmigkeit der Angebote innerhalb eines Gesamtkonzepts. Dazu gehörte der Austausch über die jeweiligen Bildungsverständnisse, über das schulische Gesamtkonzept und die gemeinsame Zielstellung.

Für die Zusammenarbeit mit Trägern außerschulischer Jugendbildung bedeutete dies vor allem eine Auseinandersetzung mit deren Bildungsverständnis, das sich von dem schulischen Lernens unterscheidet. Überall dort, wo die Träger den Eindruck hatten, dass ihre Arbeit für andere (auch pädagogische) „Zwecke" instrumentalisiert werden sollte, wurde eine entsprechende Verständigung angemahnt: Genannt wurden die Erwartung der Disziplinierung von Schülerinnen und Schülern (Becker 2007, 77; Riß/Thimmel 2006, 40), die Erwartung, Betreuungsarbeit zu leisten und sozialpädagogische Hilfen zu bieten (Becker 2006, 48-50) oder auch die Rolle des interessanten „Exoten" einzunehmen (v.a. in der kulturellen Bildung, Becker 2007, 59f.). Durch die Nähe zum Fachunterricht bestand auch die Gefahr, als „Ersatzlehrkraft" (Becker 2007, 59) oder als Ersatz für ein nicht angebotenes Schulfach zu fungieren (vgl. Götz in diesem Band).

Vor allem über die Erwartung seitens der Schule, innerhalb der Bildungs(!)-angebote der außerschulischen Träger auch (Schüler-)Leistungen auszumachen und zeugnisrelevant zu bewerten, wurde durchgehend kritisch referiert. So wurde häufig von einem Teilnahmevermerk im Zeugnis berichtet (Becker 2007, 80-82). Einige Träger im P&P-Projekt ließen sich mit der Partnerschule auf Kompromisse u.a. durch die Erarbeitung alternativer Nachweis- bzw. Bewertungsverfahren ein (Becker 2006, 50-51 und der Beitrag von Schöne in diesem Band).

In diesen Zusammenhang gehört auch die Auseinandersetzung mit dem Prinzip der Freiwilligkeit. So wie eine standardisierte und einseitige Fremdbewertung von Leistungen dem grundsätzlich offenen Bildungsverständnis außerschulischer Kinder- und Jugendbildung widerspricht (siehe oben), so gerät auch eine Einschränkung der Freiwilligkeit in Konflikt mit der Teilnehmerorientierung der außerschulischen Angebote als konsequente Ausrichtung der Angebote an den Interessen und der Lebenswelt der Schülerinnen und Schüler. Die Ganztagsschule hat gezeigt, wie viele Ausformungen von Freiwilligkeit es hier gibt: zwischen Zugangswahl, aber Teilnahmepflicht, schulisch bestimmtem Curriculum, aber Themenauswahl für die Schüler, freier Themen- und Methodenwahl, aber Leistungsbewertung, bis hin zu frei, das heißt täglich, wählbaren und auch meidbaren (!) Angeboten kommt offensichtlich alles vor. Hier sieht sich die außerschulische Bildung auch mit dem Phänomen konfrontiert, dass die Teilnahme an expliziten Bildungsangeboten für einige Schülerinnen und Schüler aus diversen Gründen (wie erhofften kompensatorischen Wirkungen) „empfohlen" oder umgekehrt als disziplinarische Maßnahme eine Teilnahme am beliebten Zusatzangebot „verboten" wurde (Becker 2007, 75-78).

Ist also für eine gemeinsame Konzeption eine Verständigung über den jeweiligen Bildungsbegriff und dessen Komponenten unerlässlich, so gilt dies auch für den zunächst schillernden Begriff der „Partizipation". Diesen (allein) mit als „mitmachen“ oder „dabei sein“ zu verstehen, und so zumindest subjektiv das Gefühl des typischen schulischen „Zwangs“ zu lindern, unterbietet aus unserer Sicht den Begriff. Er meint stattdessen die Selbstverantwortlichkeit für den eigenen Bildungsprozess sowie reale Mitbestimmungs-, Gestaltungsmöglichkeiten und Entscheidungsfreiheiten von Schülerinnen und Schülern innerhalb und außerhalb des Schulbetriebs. Partizipation, ernst gemeint und ernst genommen, lässt sich damit nicht auf das Kooperationsprojekt des außerschulischen Trägers beschränken. Ob aber die Partizipation von Schülerinnen und Schülern am gesamten Schulleben tatsächlich gewollt ist, offenbaren noch nicht die Aussagen beteiligter Schulleitungen allein (Riß/Thimmel 2006, 34-36), sondern erst die Praxis und die Perspektive der Betroffenen (vgl. die Auswertung der Schülerbefragung in Riß/Thimmel, 17-21). Nicht zu unterschätzen ist dabei auch die Frage nach der „Erschließung“ neuer Zielgruppen für die außerschulische Jugendbildung. Die Tatsache allein jedenfalls, dass Träger eine Erhöhung von Teilnehmerzahlen auch bisher unerreichter Zielgruppen registrieren (Becker 2007, 95), führt zu neuen pädagogischen Anforderungen, die nicht ohne weiteres professionell beantwortet werden können (Becker 2007, 73-78; vgl. auch Becker in diesem Band).

Ein weiterer zwischen den Partnern zu klärender Punkt ist zudem die Nutzung außerschulischer Räume. Es ist nach wie vor eine Herausforderung, außerschulische Lern- und Bildungsorte in den Ganztagsbetrieb einzubeziehen. Aus beiden Projekten konnte jedoch berichtet werden, dass Schulen die Nutzung außerschulischer Bildungs- und Lernorte sehr weitgehend zulassen konnten, wenn sie vom pädagogischen Wert alternativer Lernräume überzeugt waren. Für die politische Bildung, die die Nutzung von Bildungsstätten favorisiert, geht es in diesem Zusammenhang auch oft um alternative Zeit-Räume (Riß/Thimmel 2007, 22f. und 43f.). Vor allem für die kulturelle Bildung stellt sich die Frage nach geeigneten Räumen auch innerhalb der Schule, zum Beispiel für Tanz- oder Theaterprojekte, für Mal- und Musikaktionen und für die Aufbewahrung von Material (Becker 2007, 25-28).

Zwischenruf: Kooperation braucht Ressourcen

Ein solcher gemeinsamer Weg ist jedoch nicht leicht und neben guten Vorsätzen vor allem gepflastert mit Widrigkeiten, an denen sich die Diskussion leider nur allzu schnell erschöpft. Denn für eine innovative, qualitätsvolle und nachhaltige Umsetzung kultureller und politischer Bildungsangebote in der Ganztagsschule fehlte es fast durchweg an Finanzen für Personal, Koordinationsleistungen und Qualifizierung. Vor allem das bei Bildungsträgern vergleichsweise „teurere“ hochqualifizierte Personal war immer wieder ein Thema für Rechtfertigungen nach außen (zum Beispiel gegenüber der Kommune und der Politik) und der Diskussion nach innen (zum Beispiel gegenüber anderen Anbietern im Ganztag). Aber warum sollte in der Schule etwas „billiger" funktionieren als außerhalb davon?

Daneben braucht man viel Zeit für die schrittweise Ausgestaltung der Kooperationen, organisatorische und technische Möglichkeiten (Raum, Zeit, strukturierte, institutionalisierte Kommunikationsformen) für die fachliche Abstimmung und für die gemeinsame Qualifizierung (die oft schon in der Abstimmung liegt), und zwar mit Schulprogramm, mit Unterricht, mit Fachlehrkräften, aber auch mit anderen Anbietern im Ganztag.

Da, wie die Praxis unserer Projekte überwiegend zeigte, diese notwendigen und förderlichen Bedingungen vielfach fehlten, investierten die meisten der derzeit im Ganztag engagierten Träger erheblich in die Zusammenarbeit. Vor allem personelle, zeitliche und finanzielle Ressourcen, nicht nur für die Angebote selbst, sondern vor allem für deren Management, wurden genannt und eindrucksvoll mit betriebswirtschaftlichen Zahlen belegt, daneben der Einsatz in Form von konzeptioneller Planung und Kommunikationsanstrengungen. Einige nahmen dafür Abstriche am eigenen Profil und am eigenen Erfolg in Kauf (Becker 2007, 95-100). Die in beiden Projekten gestellte Frage nach einer Verstetigung wird daher häufig „zweigeteilt" beantwortet: Durchweg bestand das Interesse, aber unter den gegeben Bedingungen wurde dies häufig zu einer finanziellen Existenzfrage (vgl. Becker 2007,101-104 und Riß/Thimmel 2006, 33-34).

Einseitige Veränderungen?

Die Haltung, auf der Grundlage bildungsreformerischer Motive erst einmal in die Kooperationspraxis zu investieren, wurde von vielen Trägern angesichts der realen Schwierigkeiten als ambivalent eingeschätzt. Ein wichtiges Argument ist dabei die Beobachtung, dass sich vor allem die außerschulischen Partner anpassen, weniger aber die Schulen. Die Untersuchungen und die Aussagen der Träger in beiden Projekten lassen darauf schließen, dass die Schule zurzeit das Primat darstellt, an der diese sich selbst, an der aber auch die Kooperationspartner sich ausrichten. Vielfach erwarteten die schulischen Kooperationspartner (dazu zählen auch die Schulverwaltung, die Eltern etc.), dass vor allem Merkmale der Schule ver- oder gestärkt oder Defizite kompensiert werden und die außerschulischen Partner als Dienstleister für die Schule wirken (vgl. Riß/Thimmel in diesem Band). Kooperationsprojekte, die sich selbst als erfolgreich einstuften, wurden in Bezug auf die Angebotsformate, -themen, -methoden etc. von den Trägern mehrheitlich flexibel der Schulsituation angepasst (Becker 2007, 28-36). Zu beobachten war dies vor allem in der Zusammenarbeit mit Schulfächern bzw. Fachlehrkräften. Hier wurde die Zusammenarbeit zwar als belebend und „fortbildend" für die Schule bzw. die Lehrkräfte eingeschätzt. Auf der anderen Seite lassen gerade die in der direkten Zusammenarbeit mit dem Fachunterricht gewonnenen Erfahrungen vermuten, dass Angebote, die in Format und Didaktik der schulischen Bildungssituation nahe- oder entgegenkommen, eher in den traditionellen schulischen Rahmen integriert wurden (Becker 2006, 65f.).

Schlussfolgerungen

Die gemeinsame Perspektive, die pädagogischen Angebote für Kinder und Jugendliche zu verbessern, aber auch bildungsreformerisch zu wirken, ist für die engagierten Träger eine wichtige Gelingensbedingung für eine gute Zusammenarbeit. Dieses Ergebnis ist zwar nicht verwunderlich, allerdings auch nicht selbstverständlich. Es zeigt, dass perspektivisch das zentrale Feld der Auseinandersetzung weniger im Praktisch-Organisatorischen liegt, als vielmehr im Pädagogisch-Konzeptionellen. Dieser Bereich ist allerdings als Voraussetzung für eine gute Zusammenarbeit weniger leicht und auch weniger administrativ-geregelt gestaltbar.

Falls dies zutrifft, sollten sich die Appelle von Politik, Administration und Fachorganisationen, auf entsprechende Instrumente für eine Kooperation zu achten und zu drängen, nicht an ein vermeintlich mangelndes Problembewusstsein der Beteiligten richten. Vielmehr muss geklärt werden, wie eine finanzielle und personelle Ausstattung geschaffen werden kann, die eine längerfristige Auseinandersetzung mit unterschiedlichen Konzepten und Systemen sowie eine gemeinsame Entwicklung und Qualifizierung ermöglicht. Auch die Phase vor der Kooperation (gegenseitige Informationen, Austausch, Kennen lernen) und die Auseinandersetzung während der Kooperation sollten systematisch unterstützt, auch wissenschaftlich untersucht werden. Den Trägern der außerschulischen Jugendbildung müssen in dem Zusammenhang mehr Möglichkeiten geboten werden, sich und ihre Arbeit darzustellen und sich von anderen Feldern der Jugendhilfe zu unterscheiden. Nur so können „andere" (Schule z.B.) erkennen, was deren Qualitäten sind.

Ist auch eine ausreichende finanzielle und organisatorische Unterstützung fraglos Voraussetzung, so lässt sich doch inhaltlich nur Weniges für alle gleich regeln. Eine strukturelle Unterstützung muss den Beteiligten daher ausreichende Ressourcen sowie Gestaltungsfreiheiten, auch für Experimente, zur Verfügung stellen. Deswegen, auch um die bisher im außerschulischen Bereich erfolgreich praktizierte Vielfalt zu erhalten, ist es wichtig, dass die Administration ermöglicht, statt zu verhindern, fördert und unterstützt, was es schwer hat und dabei Freiheiten der Gestaltung lässt. Dabei sind wahrscheinlich aus Sicht der

Schulverwaltung und -steuerung Abstriche zu machen a) an einem bisher häufig eng gefassten Verständnis vom Auftrag der Schule, b) an der Qualitätskontrolle im Sinne einer Inputkontrolle.

Vielfalt erhalten

Viele Erfahrungen in unseren Projekten lassen darauf schließen, dass sich die außerschulische Vielfalt in der Ganztagsschule nicht abbildet und Angebotsformen, die eine „sperrigere" Zeit- oder Raumstruktur, außerschulische Lern- und Bildungsorte, aufwändigere oder nicht-schulkonforme Personalressourcen, Zugänge und Methoden verlangen, in der Ganztagsschule nicht vorkommen und – wenn sich nichts verändert – auch nicht vorkommen werden. Damit so nicht perspektivisch genuine Qualitäten der außerschulischen kulturellen und politischen Bildung verloren gehen, muss verstärkt über eine Flexibilisierung von Lernort und Zeitstrukturierung nachgedacht werden. Beide Projekte haben gezeigt, dass sich Schulen und Schulverwaltung unter bestimmten Umständen schon jetzt darauf einlassen können. Fazit: Es muss mehr „entgrenzende" Modelle der Ganztagsentwicklung, z.B. im Sinne von lokalen Bildungslandschaften, geben, in die z.B. auch Bildungsstätten oder Musikschulen als außerschulische Lernorte einbezogen werden können.

Darüber hinaus verändert die Kooperation mit der Ganztagsschule auch die Organisationen und Einrichtungen der außerschulischen Kinder- und Jugendbildung selbst (Becker 2007, 94-100). Die langfristigen Folgen davon sind noch nicht ausgemacht. Nur im Rahmen einer Zielperspektive und einer Vorstellung von dem, was man zurzeit als „Bildungsangebotslandschaft" umschreiben kann, lässt sich ermessen, wie einschneidend, förderlich oder schädlich diese Entwicklungen sind. Hierzu müssen ein konsequenter Austausch und eine genaue Beobachtung herangezogen werden, um das, was Träger als „schleichende", d.h. ungewollte, Umgestaltung bezeichnen, zu verhindern, und Veränderungen bewusst gestaltet und steuerbar zu machen.

Die Kooperation wird aus Trägersicht aber nur dort als erfolgreich beschrieben, wo auch der Schulpartner bereit ist, sich im Sinne eines gemeinsamen Bildungskonzepts zu bewegen. Eine bildungspolitische Aufgabe wäre es, die innovative Kraft der außerschulischen Pädagogik als förderlich und vorbildlich für die Schulentwicklung, besser: für die Entwicklung ganzheitlicher Bildungsangebote, herauszustellen und zu unterstützen. Bisher scheint die Vorannahme verbreitet, dass eine Zusammenarbeit mit außerschulischen Partnern vor allem der „Belebung" der Schule als System dient, ohne diese systematisch zu verändern. Stützend dafür scheint das Bild zu sein, dass Schule per se, durch administrativ-gesetzliche Reglungen, weniger flexibel agieren kann als der außerschulische

Bereich. Dies bestärkt – zusätzlich zu anderen, tatsächlichen Ungleichheiten – ein nicht reziprokes Verhältnis der beiden Partner und verfestigt das Bestehende eher als dass es hilft, dieses aufzubrechen und zu verändern.

Differenzierung notwendig

Es ist daher dringend notwendig, mit allen, die im Rahmen der Gestaltung der neuen Ganztagsschulen beteiligt sind, differenziert zu kommunizieren, welche Qualitäten, aber auch welche Bedürfnisse die Träger außerschulischer Bildung in die Kooperation einbringen. Hier ist zu unterscheiden zwischen einer innerfachlichen Diskussion zur Selbstvergewisserung, einer Diskussion im Zusammenhang mit Akteuren, die die administrativen und politischen Rahmenbedingungen entscheiden, und der Kommunikation, die mit Praxispartnern, vor allem den Schulen, weiteren Partnern im Ganztag und den Eltern erfolgen muss. Die differenzierten Ergebnisse beider Evaluationen haben dabei auch gezeigt, dass nicht alle Träger, die Angebote der Jugendbildung machen, eine einheitliche Vorstellung von den Qualitäten haben und auch nicht in gleicher Weise die Prämissen der Jugendarbeit teilen. So wird es im Zusammenhang mit der Diskussion um die Ganztagsschule zunehmend drängend werden, eine neuerliche Fachdiskussion über die Parameter sowohl politischer als auch kultureller Jugendbildung zu führen. Die Diskussion muss auch ansetzen an den „Grenzen der Disziplin" (vgl. Becker in diesem Band). In beiden Arbeitsbereichen gehen die Meinungen darüber, wo kulturelle bzw. politische Bildung anfängt und wo sie – aus Professionssicht – aufhört, auseinander. Die Überlegungen müssen sich neu ausrichten an der gegebenen Situation, dass nun de facto mit Zielgruppen gearbeitet wird, die kein genuines Interesse an der Sache haben und/oder höhere sozialpädagogische Anforderungen stellen.

Politische Relevanz

Aus Sicht der Verbände haben beide Projekte bestätigt, dass eine trägerübergreifende und länderübergreifende Sicht auf die Probleme und Chancen von Ganztagskooperationen dringend notwendig und unbedingt fortzusetzen ist. Die bundesweite Analyse macht deutlich, welche fachlichen, aber auch organisatorisch-administrativen Fragen sich überhaupt stellen und wie sie – zum Teil sehr unterschiedlich – gelöst werden können. Hier kann man in der Tat von einem Wettbewerb der Modelle sprechen, und zwar in Bezug sowohl auf die Schul- als auch auf die Sozial- bzw. Jugendministerien der Länder. Dabei konnte man deutlich zwischen „hindernden" und „fördernden" Bedingungen unterscheiden und an den verschiedenen Entwicklungsständen der Bundesländer

erkennen, wohin welche Ausformungen führen können. Deutlich wurde auch, dass es einer großen Unterstützung der Träger untereinander sowie durch die Verbände bedarf, um sich bei fachlichen Diskussionen und Ressourcenproblemen zu beraten und die Entwicklung zu flankieren.
Dazu ist vor allem mehr Analyse und Kommunikation notwendig, und zwar:

- Es muss auf allen Politikebenen (Bund, Länder, Kommunen) „Werbung" für den Arbeitsbereich, seine Möglichkeiten für Ganztags-Angebote und die entsprechenden Träger gemacht werden. Besonders bei potenziellen fachlichen Partnern wie zum Beispiel Kultureinrichtungen, den Landeszentralen für politische Bildung oder der Schulaufsicht muss über die Kooperations-Angebote der Jugendbildung informiert werden.
- Auf kommunaler Ebene sollten praktische Hinweise gegeben werden, mit wem in welchen Bereichen kooperiert werden kann. Die Kommunen sollten beraten werden hinsichtlich einer besseren Koordination der Ganztagsschulangebote.
- Auf der Ebene der Schulen müssen vor allem die Lehrkräfte und die Eltern über die Kooperationsangebote informiert werden.
- Die Bundes- und Landesverbände der Träger sind angehalten, auf der Bundes- bzw. auf der Landesebene für die Berücksichtigung der Interessen der Jugendbildung bei der Ausgestaltung der Ganztagsschulen einzutreten.
- Verbandsintern, aber auch im Hinblick auf andere Bildungsträger, sollte die Vernetzung und der Austausch von im Ganztag aktiven Trägern vorangetrieben werden. Generell müssen unter den Trägern außerschulischer Jugendbildung spezifische Bedenken bzw. Hindernisse für eine Teilnahme der Kinder- und Jugendbildung an Ganztagsangeboten entweder ausgeräumt oder deutlich hervorgehoben und entsprechende Forderungen abgeleitet werden.

Literatur

Becker, Helle 2007: Abschlussbericht zum Evaluationsvorhaben im Rahmen des Projekts „Kultur macht Schule" der Bundesvereinigung kulturelle Kinder- und Jugendbildung e.V., Download: http://www.kultur-macht-schule.de/181.0.html

Becker, Helle 2006: 2. Zwischen- und Endbericht für die Stiftung Deutsche Jugendmarke zum Projekt Politik & Partizipation in der Ganztagsschule der Gemeinsamen Initiative der Träger der politischen Jugendbildung (GEMINI), Download: www.politikundpartizipation.de

Riß, Katrin/Thimmel, Andreas 2006: Evaluationsbericht zum GEMINI-Verbundprojekt „Politik und Partizipation in der Ganztagsschule", Download: www.politikundpartizipation.de

Sascha Rex

Volkshochschulen im Ganztag: Bausteine kommunaler Bildungslandschaften

„Wo sollen sich eigentlich Volkshochschulen denn noch alles engagieren?" Das ist eine typische Reaktion, wenn Volkshochschulen auf ein Engagement in den neu entstehenden Ganztagsschulen angesprochen werden. Liegt eine Zusammenarbeit von kommunalen Volkshochschulen und Ganztagsschulen aber nicht auf der Hand, wenn Wissenschaft und Politik „kommunale Bildungslandschaften" und -planung anstreben, wie sie beispielsweise in der Aachener Erklärung des Deutschen Städtetages anlässlich des Kongresses „Bildung in der Stadt" am 22./23.11.2007 gefordert wurde? Welche Kompetenzen bringen Volkshochschulen für das Entstehen dieser kommunalen Bildungslandschaften mit und welche Kompetenzen können sie für die neu entstehenden Bildungsräume vermitteln?

Partner der Ganztagsschulentwicklung

Von Anfang an wurden kommunale Bildungsanbieter in die Umsetzung der Ganztagsbetreuung durch entstehende Ganztagsschulen, Schulausschüsse und Landesministerien eingebunden, so natürlich auch die Volkshochschulen. Selbstverständlich sind Art und Umfang der Kooperation abhängig von der jeweiligen Landesgesetzgebung, den lokalen Gegebenheiten und den Möglichkeiten und Bildungszielen jeder einzelnen Volkshochschule. Landes- und bundesweite Projekte haben die Kooperationen von Schulen und Volkshochschulen teilweise angestoßen oder aufgegriffen.

Das Engagement der Volkshochschulen in Sachen politischer Bildung in der Ganztagsschule wurde in das Projekt „Politik und Partizipation in der Ganztagsschule" der GEMINI, der Gemeinsamen Initiative der Träger außerschulischer politischer Jugendbildung, eingebracht. Im Rahmen dieses Projekts wurde auch ausgelotet, wie weit Kooperationen zwischen Volkshochschulen und Ganztagsschulen allgemein fortgeschritten sind und welche Erfahrungen die Volkshochschulen dabei gemacht haben. Dafür führte der Deutsche Volkshochschul-Verband e.V. (dvv) im Herbst 2006 gemeinsam mit den Landesverbänden der Volkshochschulen, ausgehend von der politischen Bildung, eine Umfrage zu Stand und Entwicklung der Kooperationen zwischen Ganztagsschulen und

Volkshochschulen durch, deren Ergebnisse in diesen Beitrag einfließen. 45 Volkshochschulen aus acht verschiedenen Bundesländern berichteten von ihren sehr unterschiedlichen Erfahrungen, die sie bislang mit Ganztagsschulen gesammelt hatten. Sieben Volkshochschulen hatten bereits die komplette Organisation bzw. die Trägerschaft für eine oder mehrere Ganztagsschulen übernommen.

Volkshochschulen im „P&P-Projekt"

Gefördert durch das Programm „Politische Bildung" des Kinder- und Jugendplans des Bundes (KJP) und darüber hinaus haben die Volkshochschulen seit über 50 Jahren Erfahrungen in Kooperationen mit Schulen in der außerschulischen politischen Bildungsarbeit gesammelt. Allerdings mussten sich dabei die Kooperationsschulen den Bedingungen ihrer außerschulischen Partner anpassen. Gemeinsam wurden freiwillige, mehrtägige Angebote an anderen Lernorten als der gewohnten Schulumgebung durchgeführt. Volkshochschulen vermitteln Kindern und Jugendlichen Kompetenzen, die sie befähigen, sich aktiv am Gemeinwesen zu beteiligen, und sind ein wichtiger Bildungspartner bei angestrebten Demokratisierungsprozessen von Schulen. In ihrer kommunal vernetzten Bildungsarbeit nehmen Volkshochschulen seit Jahren besonders Zielgruppen wie Kinder und Jugendliche mit Migrationsgeschichte und bildungsbenachteiligte Jugendliche in den Blick und kooperieren mit Schulen in sozialen Brennpunkten. Zahlreiche Volkshochschulen, die in der politischen Jugendbildung aktiv sind, nutzen ihre Erfahrungen auch im Ganztagsschulbereich. Beispielhaft für diese Kooperationen dokumentierten drei Volkshochschulen neue Erfahrungen in ihrer politischen Bildungsarbeit mit Kindern und Jugendlichen im Projekt „Politik und Partizipation in der Ganztagsschule".

Die Volkshochschule City West in Berlin beschäftigte sich in einem klassenübergreifenden Angebot „Hey, verändere was!" mit Politik und Partizipation im Lebensraum der beteiligten Kinder und Jugendlichen. Schwerpunkte waren die Gestaltungs- und Beteiligungsmöglichkeiten in der Schule, im Schulumfeld und im Stadtbezirk. Neben den wöchentlich stattfindenden Projektstunden im Ganztagsangebot in der Schule führte die Volkshochschule auch eine Zukunftswerkstatt im Rahmen eines Einführungswochenendes sowie eine Abschlussveranstaltung im WannseeFORUM zur gemeinsamen Auswertung durch. Neben einer intensiven Beschäftigung mit ihren Teilhabemöglichkeiten konnten bei den Teilnehmerinnen und Teilnehmern einige Veränderungen beobachtet werden. Die Kinder und Jugendlichen waren aufgeschlossener für Neues, haben gelernt sich einzumischen, haben bereits im schulischen Umfeld Ämter und Funktionen übernommen, können gezielter kommunizieren und sich besser präsentieren. Sie haben gelernt, dass Mädchen und Jungen gleichberechtigt miteinander leben und arbeiten können und konnten im Rahmen des Projekts Vorurteile gegen Migrationshintergründe abbauen (vgl. Kippe/Marks 2007, 17).

Demokratie-Lernen in der Schule war auch das Ziel des Angebots der Volkshochschule Kaiserslautern. In drei Modulen wurde den Schülerinnen und Schülern ein umfassendes Programm zu konfliktfreier Kommunikation und Konfliktlösungskompetenzen angeboten. Lernziel des Projekts war es nicht, theoretische Kenntnisse zu vermitteln, sondern eine Reflexion des eigenen Verhaltens, der eigenen Rolle im Lebensfeld Schule anzuregen. So konnten die Schülerinnen und Schüler dem Erfahrenen und Erlernten auch einen institutionalisierten Rahmen durch die Bildung eines Klassenrates geben (GEMINI/Becker 2007a, 17).

Dass Vergangenheit bis ins Heute reicht, erfuhren die Schülerinnen und Schüler einer Ganztagsrealschule mit Hilfe eines Angebots der Volkshochschule Grafschaft Bentheim. Mit Bezug auf den eigenen Geschichtsunterricht wurde die Geschichte eines Zwangsarbeiter- und Kriegsgefangenenlagers gemeinsam und vor Ort aufgearbeitet. Wichtig bei Angeboten historisch-politischer Bildung ist, dass nicht nur die Frage gestellt wird: „Was ist hier geschehen?" sondern reflektiert wird: „Was hat das heute mit uns zu tun?" So hatte das Projekt mindestens zwei Ergebnisse: „Das eine war eine selbst erstellte Ausstellung. Das andere war die spürbare Betroffenheit, mit denen Bewohnerinnen und Bewohner des Orts, Nachbarn und Familien der Präsentation der Schülerinnen und Schüler in der Aula ihrer Schule lauschten" (GEMINI/Becker 2007b, 10).

„Junge vhs"

Eine gelungene Kooperation braucht eine Vorgeschichte: Um als Erwachsenenbildungseinrichtung im Ganztagsbereich aktiv und erfolgreich zu sein – dieses Ergebnis zeigte sich auch in der vom dvv durchgeführten Umfrage –, sollte die Einrichtung bereits über Erfahrungen mit der Zielgruppe Kinder und Jugendliche und besser noch auch über Kooperationserfahrungen mit Schulen verfügen. Entsprechend zeigte sich, dass Volkshochschulen, die über einen eigenen Fachbereich „junge vhs" verfügen, einen Einstieg für Kooperationen mit Ganztagsschulen haben. In diesem Fachbereich unterbreiten Volkshochschulen ein gezieltes Angebot aus verschiedenen Themenfeldern für Kinder und Jugendliche.

Alle am P&P-Projekt beteiligten vhs organisierten ihre Ganztagsangebote der politischen Bildung aus diesem Fachbereich heraus. Auch in der Befragung stellte sich heraus, dass mehr Volkshochschulen mit „junger vhs" Kooperationen mit Ganztagsschulen eingegangen sind. Nur knapp 20 % der Volkshochschulen, die sich im Ganztagsschulbereich insgesamt engagieren, sind darüber hinaus nicht in der Jugendbildung aktiv. Die Volkshochschulen, die sich in der außerschulischen Jugendbildung vielfältig engagieren, konnten oft bestehende Kooperationen mit Schulen nutzen und aufgrund persönlicher Kontakte Zugang zu Ganztagsschulen finden. Besonders hilfreich waren hierbei auch Netzwerke und Kooperationen, die in Verbindung mit der außerschulischen politischen Jugendbildung der Volkshochschulen entstanden sind. Denn gerade in der politischen Bildung stehen die Volkshochschulen als außerschulische Bildungseinrichtungen im intensiven Austausch mit den Lehrerinnen und Lehrern der unterschiedlichen Schulfächer (Politik, Geschichte, Sozialwissenschaften usw.), an denen die außerschulische politische Bildungsarbeit anknüpfen kann. Diese intensiven Kooperationserfahrungen machen laut Befragung die Ursache für die Hälfte aller Kooperationen mit Ganztagsschulen aus. Ein Viertel der Volkshochschulen betonen, dass durch die Kooperation mit Ganztagsschulen ihr Profil als Träger außerschulischer Jugendbildung weiter geschärft wurde und stärker ins Bewusstsein von Schule und kommunaler Verwaltung trat.

Dass sich viele Volkshochschulen in ihrer außerschulischen Arbeit besonders für bildungsbenachteiligte Kinder und Jugendliche einsetzen, wird auch in den Kooperationen mit Ganztagsschulen deutlich. Die Hälfte aller Volkshochschulen kooperieren im Ganztag mit Grund- und Hauptschulen. Nur ein Drittel der Angebote wird an Real- und Gesamtschulen sowie Gymnasien durchgeführt.

Das ganzheitliche Bildungsangebot der Volkshochschulen

Nicht nur aus der bisherigen Arbeit mit den Zielgruppen ergeben sich Anschlussmöglichkeiten. Eine große Stärke der Volkshochschulen liegt auch in ihrem vielfältigen Angebot. Volkshochschulen können Angebote aus allen Bildungsbereichen machen, und sie haben oft engen Kontakt zu anderen kommunalen Bildungseinrichtungen.

Auch die drei Projekte von Volkshochschulen im P&P-Projekt zeigten diese Vielfalt und Kooperationsmöglichkeiten, hier innerhalb der politischen Bildung. Sie beschäftigten sich aus ganz unterschiedlichen Blickwinkeln mit Voraussetzungen politischer Kommunikation und Handlungsfähigkeit (Anti-Gewalt- und Kommunikationstraining vor der Bildung eines Klassenrats, VHS Kaiserslautern), mit dem Wissen um und der Erfahrung mit repräsentativer Demokratie und Demokratisierungsmöglichkeiten von Schule (VHS City West, Berlin) und mit den Folgen anti-demokratischen und menschenrechtsfeindlichen Handelns (VHS Grafschaft Bentheim). In Berlin wurde dabei eng mit den kommunalen Vertretungsorganen (Bezirksvertretung, Stadtrat u.a.) zusammengearbeitet, in Bentheim wurde das gesamte Projekt in Gemeinschaft mit dem örtlichen Museumskoordinator durchgeführt.

Ein noch weiter gehendes Beispiel für die Zusammenarbeit kommunaler außerschulischer Bildungseinrichtungen ist die Volkshochschule Offenburg. Hier deckt die Volkshochschule in Absprache mit dem Schuldezernat das Ganztagsangebot gemeinsam mit der Kunstschule und der Musikschule Offenburg ab, die ebenso wie die Volkshochschule in kommunaler Trägerschaft sind. Die Leiterin der Volkshochschule Offenburg, Martina Wörner, ist erfreut über den Erfolg kommunaler Zusammenarbeit und bezeichnet das gemeinsame Auftreten kommunaler Bildungseinrichtungen in den neu entstehenden Ganztagsschulen als „Triumvirat".

Wie umfangreich das Angebot der Volkshochschulen sein kann, zeigte auch die Umfrage des dvv: Das Angebotsspektrum der Volkshochschulen deckt die Palette aller Fachbereiche ab. In etwa gleichem Umfang werden an Ganztagsschulen Angebote aus den Bildungsbereichen „Arbeit und Beruf/EDV", „Kunst und Kultur" sowie dem Sprachenbereich durchgeführt. Etwa die Hälfte der Volkshochschulen bietet Kurse aus dem Themengebiet „Gesundheit/Bewegung", ein Drittel Kurse aus dem Themengebiet „Gesellschaft/Politik/Umwelt" an.

Qualifizierung von Jugendlichen

Als Teil ihrer ganzheitlichen Bildungsangebote haben Volkshochschulen in einigen Bundesländern gezielt auch die beruflichen Perspektiven der Kinder und Jugendlichen in Ganztagsschulen im Blick und verknüpfen diese mit der Kompetenzvermittlung, sich selbst darzustellen. Im Rahmen des Projektes „prepared4future" (www.prepared4future.de) begannen die rheinland-pfälzischen Volkshochschulen eine intensive Zusammenarbeit mit Schulen, um Schülerinnen und Schülern anhand eines Bewerbungstrainings entsprechende IT-Kenntnisse zu vermitteln und diese auch mit Hilfe des europaweit anerkannten Zertifikatssystems „Xpert – European Computer Passport (ECP)" zu dokumentieren. Diese Aktion konnte besonders durch Angebote in den Ganztagsschulen ausgeweitet werden, da sich die Integration eines solchen Angebots in den Regelunterricht einer Halbtags-Schule als schwierig erwies. Dieses EDV-Angebot hat aber auch dazu geführt, dass die Volkshochschulen, die sich in diesem Projekt engagiert haben, mittlerweile ein breiter gefächertes Angebot an Ganztagsschulen durchführen und so Angebote zur politischen und kulturellen Bildung platzieren konnten. In Berlin ist das Projekt „prepared4future" mittlerweile Teil des Unterrichts in berufsvorbereitenden Bildungsmaßnahmen (BVB) der Arbeitsagenturen und ein- oder mehrjährigen Berufsfachschulen an den Oberstufenzentren geworden. Dies hat dazu geführt, dass 2006/2007 rund 2.600 Jugendliche zusätzliche IT-Kompetenzen durch die Volkshochschulen erwerben konnten. Aber auch zusätzliche Sprachzertifikate (telc) bieten Volkshochschulen im Ganztagsbereich an. Schülerinnen und Schüler können so, neben ihren Schulzeugnissen, ihre Fremdsprachenkenntnisse zertifizieren lassen und sich Vorteile für zukünftige Bewerbungen sichern.

Neue Bedingungen

Den am P&P-Projekt beteiligten Volkshochschulen kam auch die strukturelle Vergleichbarkeit mit dem System Schule zugute. Volkshochschulen als kommunale Weiterbildungszentren sind in der Verwaltung ähnlich verankert wie die Schulen. Im täglichen Volkshochschulbetrieb ist das Kurssystem mit Unterrichtseinheiten von 45 Minuten und wöchentlichem „Stundenplanaufbau" dem der Schulen vergleichbar. Als zusätzliche Kompetenz der Volkshochschulen erweist sich ein umfangreiches Dozentenmanagement, das Schulen, die mit festem Lehrpersonal arbeiten, im Regelschulbetrieb nicht kennen.

Dennoch muss man feststellen, dass, anders als in ihren sonstigen außerschulischen Bildungsangeboten, für viele Volkshochschulen die zeitlichen Bedingungen der Ganztagsschulangebote, die angebotene Themenpalette und die übliche Methodenvielfalt eingeschränkt sind. Gleichzeitig machen sie die Erfahrung, dass die Arbeit mit Jugendlichen im Lernort Schule schwieriger als an einem außerschulischen Lernort ist. Dies konstatieren besonders die Volkshochschulen, die in der außerschulischen politischen Jugendbildung tätig sind und unterscheiden sich damit nicht von den anderen Organisationen und Einrichtungen der außerschulischen politischen Bildung.

Allerdings wird, neben der bereits erwähnten Profilschärfung, als positive Auswirkung des Engagements im Ganztag der Einsatz neuen Personals und die Beschäftigung mit neuen Themen und Formaten betont. So entsteht allerdings durch die Kooperation mit Ganztagsschule neben einer Qualifizierung der dort tätigen Lehrkräfte und Mitarbeiterinnen und Mitarbeiter auch ein neuer Qualifizierungsbedarf der VHS-eigenen Pädagoginnen und Pädagogen.

Bildungsreform mitgestalten

Sicherlich ist nicht die Verbesserung der eigenen finanziellen Verhältnisse der Grund für Volkshochschulen, sich im Ganztag zu engagieren. Über 80 % geben in der Umfrage des dvv als Begründung für ihr Engagement an, dass sie das schulische Angebot ergänzen und eine Dienstleistung für die Schulen bieten wollen. Aber genauso wollen zwei Drittel der befragten Volkshochschulen „an einer Reform der Schule mitwirken und perspektivisch außerschulische Bildung und Schule unter ‚ein Dach' bringen". Erste Erfolge können die Volkshochschulen bereits verbuchen, da über 80 % ihr Engagement als erfolgreich bewerten. Im

Vordergrund steht hierbei der Wunsch, neue Zielgruppen zu erreichen. Bereits ein Viertel der Befragten berichtet, dass die Teilnehmerzahlen im außerschulischen Bereich für Kinder und Jugendliche zunehmen. Über die Hälfte der vom dvv befragten Volkshochschulen plant, ihre Kooperationen mit Ganztagsschulen zu verstetigen und sieht neben der Gewinnung neuer Zielgruppen einen Erfolg in der „Anerkennung der Weiterbildung als 4. Säule des Bildungswesens" und einer stärkeren „Anerkennung der Volkshochschulen als kommunaler Kooperationspartner".

Für ihr Engagement in Ganztagsschulen müssen viele Volkshochschulen aber auch Überzeugungsarbeit leisten. Eine institutionelle Festlegung als Erwachsenenbildungseinrichtung, wie sie in vielen Bundesländern, Kommunen, aber auch den Volkshochschulen selbst vorherrscht, muss aufgebrochen werden. Viele Volkshochschulen definieren sich heute als kommunale bzw. regionale Bildungsdienstleister, die im Rahmen des Lebenslangen Lernens (LLL) ganzheitliche Angebote für alle Alterstufen vorhalten. Die Volkshochschule Reckenberg-Ems beispielsweise führt ihr Verständnis vom Lebenslangen Lernen auf den Gründer der Volkshochschulbewegung N.F.S. Grundtvig zurück, der einen einheitlichen Bildungsprozess von der Vorschule bis ins Seniorenalter auch im Sinne generationenübergreifenden Lernens postulierte.

Ein bildungspolitisch wichtiger Erfolg vieler Kooperationen ist daher eine stärkere kommunale Vernetzung und Wahrnehmung der Volkshochschule. Neben dem gestiegenen Bekanntheitsgrad der Volkshochschulen steigt das gegenseitige Vertrauen, das zu einer engeren Zusammenarbeit und zur Nutzung gegenseitiger Stärken führt: „Volkshochschulen werden als Partner ernst genommen" und „Es hat sich ein konstruktives Vertrauensverhältnis zwischen Volkshochschulen, Schule und Kommune entwickelt", hieß es in den Antworten des dvv-Fragebogens. Volkshochschulen werden in vielfältigen Kontexten als kompetenter Partner eben nicht nur in der Erwachsenenbildung, sondern zunehmend in allen Bereichen der Bildung ernst genommen. Die Kooperationen zwischen Volkshochschulen und Ganztagsschulen sind sicherlich ein erster, erfolgreicher Schritt für die Entstehung kommunaler Bildungslandschaften. In diesen Bildungsräumen spielt gerade auch die Zusammenarbeit außerschulischer politischer Bildung mit den Ganztagsschulen eine entscheidende Rolle. Und Kinder und Jugendliche brauchen neben politischem Grundwissen vor allem auch Kompetenzen, Anerkennung und Erfahrung für den Demokratieraum Kommune.

Kooperationen sichern

Erfreulicherweise werden bereits Instrumente zur Absicherungen dieser Kooperationen erprobt. So haben mit Stand Herbst 2007 zwei Landesverbände der

Volkshochschulen mit den jeweils für Schule zuständigen Landesministerien Rahmenvereinbarungen geschlossen. Dadurch wurden zum Beispiel einheitliche Honorarsätze für Dozenten vereinbart und die Kooperationen zwischen Ganztagsschulen und Volkshochschulen vereinfacht. Diese Rahmenvereinbarungen in Rheinland-Pfalz und in Brandenburg haben zu einem verstärkten Engagement der dortigen Volkshochschulen geführt und vereinfachen den Zugang zum „System" Schule. Zwei Drittel der im Ganztag aktiven Volkshochschulen haben ihre Kooperation auf kommunaler Ebene durch einen Kooperationsvertrag mit der Schule bzw. dem Schulträger geregelt. Fast alle Volkshochschulen berichten, dass sie über einen festen Ansprechpartner an der Ganztagsschule verfügen, mit dem Einzelheiten der Angebote abgestimmt werden können. Auch die Volkshochschulen, die sich verstärkt in Ganztagsschulen engagieren, haben in ihren Einrichtungen einen Ansprechpartner für diese neuen Kooperationen benannt. Die vor Ort vorhandenen Kooperationsinstrumente bewertet die überwiegende Mehrheit der vom dvv befragten Volkshochschulen als ausreichend. Besonders zufrieden sind die Volkshochschulen aus Rheinland-Pfalz, Schleswig-Holstein und Nordrhein-Westfalen mit den dort eingerichteten Regelungen. Trotz aller Bemühungen, zusätzliche Finanzierungen zu erschließen, sind jedoch bislang nur die Hälfte der Volkshochschulen mit der Finanzierung ihres Ganztagsangebots zufrieden. Überwiegend werden fehlende finanzielle Mittel für das eingesetzte Personal und für die erhöhte Organisation und Kooperation beklagt.

Perspektiven

Wie könnte die weitere Entwicklung der Kooperationen zwischen Volkshochschulen und Ganztagsschulen aussehen? Zurzeit bieten Volkshochschulen einzelne bzw. mehrere Angebote aus verschiedenen Bildungsbereichen – auch der politischen Bildung – mit einer oder mehreren örtlichen Schulen an. Bereits jetzt loten einzelne Volkshochschulen auch die Möglichkeiten aus, ihr Engagement über die einzelnen Fachbereiche hinaus zu erweitern, indem sie zum Beispiel Träger eines kompletten Ganztagsangebots werden. Etwa zehn Volkshochschulen im Bundesgebiet – in Schleswig-Holstein, Niedersachsen, Nordrhein-Westfalen, Baden-Württemberg und Bayern – haben mittlerweile die gesamte Organisation des Ganztagsangebots einer oder mehrerer Schulen übernommen. Grundlage für gelungene Kooperationen und Netzwerkarbeit ist auch hier eine breite Aufstellung der Volkshochschulen innerhalb der eigenen Kommune. Im Rahmen ihrer Trägerschaft halten sie so gemeinsam mit Kooperationspartnern ein umfassendes Bildungsprogramm für ihre Ganztagsschulen vor, das neben anderen Angeboten auch die politische Bildungsarbeit mit einschließt.

Mit Blick auf eine Vernetzung der kommunalen Bildungsanbieter ist sicherlich das Engagement der Volkshochschule Reckenberg-Ems hervorzuheben. 2004 wurde diese Volkshochschule vom Schulausschuss der Stadt Rheda-Wiedenbrück mit der Trägerschaft von acht Ganztagsgrundschulen beauftragt. Nach drei Jahren Kooperationserfahrung im Ganztag ist die Volkshochschule mittlerweile Träger von 17 offenen Ganztagsgrundschulen. Den Grundstein für diese Erfolgsgeschichte legte die Volkshochschule mit der Erstellung eines bildungsorientierten Rahmenkonzepts, das mittlerweile nicht nur Kommunen innerhalb des Zweckverbands überzeugte. Seit 2007 ist die Volkshochschule auch von einer Kommune außerhalb des Zweckverbands mit der Trägerschaft von drei Ganztagsgrundschulen beauftragt worden. Den Erfolg dieses ungewöhnlichen Engagements begründet die Volkshochschule dadurch, dass sie „Offene GanztagsGrundSchulen" als Bildungseinrichtungen und nicht als Betreuungs- und/oder „Verwahranstalten" versteht.

Im Rahmen der Trägerschaft einer Ganztagsschule ändert sich aber auch die Personalstruktur einer Volkshochschule. So muss Personal für die Koordinierung des gesamten Angebots und der im Ganztag tätigen pädagogischen Fachkräfte gewonnen und eingestellt werden. Die Volkshochschule Reckenberg-Ems konnte die Kommunen damit überzeugen, das im Ganztag tätige Personal in sozialversicherungspflichtige Betreuungskräfte und den in Hausaufgabenbetreuung, Förderangeboten und dem AG-Programm tätigen Kräften auf Honorarbasis zu trennen.

Qualifizierung pädagogischer Fachkräfte

Die steigende Zahl von Ganztagsschulen hat zu einer steigenden Anzahl von Betreuungskräften an Schulen geführt, die mit unterschiedlichen pädagogischen Qualifikationen und Voraussetzungen in diesem neu entstehenden Bildungsbereich tätig sind. Die Volkshochschulen besitzen bereits vielfältige Erfahrungen bei der Weiterbildung von schulischem Personal und betrachteten die Aus- und Weiterbildung außerschulischen und schulischen pädagogischen Personals auch als Teil ihrer politischen Bildungsarbeit. In NRW standen sie – koordiniert über den Landesverband der Volkshochschulen von NRW e.V. – bereits mit den Projekten e-card und First Class und dem Landesprogramm „Weiterbildung geht zur Schule" als kompetente Partner den Schulen zur Seite. Zahlreiche Volkshochschulen haben daher die Qualifizierung von schulischem und außerschulischem Personal, Pädagoginnen und Pädagogen bzw. Betreuerinnen und Betreuern übernommen und hierzu Konzepte entwickelt.

Fortbildungsangebote für die neue Zielgruppe des pädagogischen Personals in Ganztagsschulen betrachten die Volkshochschulen auch als (gender-)politische Aufgabe. „Es entwickelt sich hier ein neues Berufsbild, ein neues Tätigkeitsfeld, das schon jetzt vielfach von Frauen gewählt wird, die sich nach der Familienphase neu orientieren, dann aber auch als Quereinsteigerinnen an einer Professionalisierung ihrer Berufstätigkeit interessiert sind. Hierzu ist eine systematische fachlich fundierte und kontrollierte Qualifizierung unabdingbare Voraussetzung." (Roos-Schumacher/Schwartmanns 2005) Die Volkshochschule Siebengebirge und die Volkshochschule Bornheim/Alfter haben deshalb in verschiedenen Modulen für Betreuungskräfte mit und ohne pädagogische Vorbildung ein Qualifizierungsangebot „Professionalisierung für Betreuungskräfte an Offenen Ganztagsschulen (OGS)" entwickelt. Ziel dieser Professionalisierung ist es, die Betreuungskräfte mit den alltäglichen pädagogischen und rechtlichen Grundlagen sowie dem Zusammenwirken von Schule, OGS, Eltern und Kindern vertraut zu machen und vor allem ihre Handlungskompetenz zu stärken. Mittlerweile bieten 17 Volkshochschulen in NRW diese modulare Fortbildung für Betreuungskräfte in Ganztagsschulen an.

Die Qualifizierung pädagogischen Personals soll von ihrer Konzeption auch als Stärkung der politischen Bildung in Ganztagsschulen dienen. Denn gerade auch für die Vermittlung gesellschaftspolitischer Kompetenzen und einer durch außerschulische Partner moderierten Demokratisierung von Schule ist eine zusätzliche Qualifizierung des in Ganztagsschulen tätigen Personals notwendig. Durch qualifiziertes Personal besteht die Chance, einen Blick von außen auf das System Schule zu werfen. Strukturelle Defizite an den Beteiligungsmöglichkeiten von Schülern und auch Eltern können so in gesonderten Angeboten aufgearbeitet werden und bieten den Schulen neue Möglichkeiten der Demokratisierung.

Kommunale Bildungslandschaften

Im Rahmen kommunaler Bildungslandschaften können Volkshochschulen eine zentrale Rolle einnehmen. Die Kompetenzen der Volkshochschulen reichen von der Qualifizierung des in Schulen tätigen Personals, über Angebote in Zusammenarbeit mit Schule, insbesondere Ganztagsschule, bis hin zur Schulträgerschaft.

Das Projekt „Politik und Partizipation in der Ganztagsschule" hat insbesondere bewiesen, dass Volkshochschulen die Stärken ihrer außerschulischen politischen Jugendbildung in einem breit gefächerten Angebot politischer Bildung auch in Ganztagsschulen nutzen können.

Literatur

Aachener Erklärung des Deutschen Städtetages anlässlich des Kongresses „Bildung in der Stadt“ am 22./23.11.2007, Download: http://www.staedtetag.de/imperia/md/content/pressedien/2007/17.pdf, Zugriff: 17.12.2007

Bender, Eckhard 2007: Xpert – Berufqualifizierende Zertifikate an der Schnittstelle zwischen Weiterbildung und Schule. Ein Praxisbericht. In: Hessische Blätter für Volksbildung „Individuelle Zertifizierungen“ 4 (2007), S. 365-374

GEMINI (Hrsg.)/Becker, Helle (Red.) 2007a: Politische Jugendbildung in der Ganztagsschule. Was sie will, was sie kann, was sie erreicht.

GEMINI (Hrsg.)/Becker, Helle (Red.) 2007b: Politische Jugendbildung in der Ganztagsschule. Anregungen, Praxistipps, Informationen für Bildungsträger

Kippe, Brigitte/Marks, Frank 2007: Politik und Partizipation an der Ganztagsschule. Ideen für die politische Arbeit mit Jugendlichen. Berliner Modell

Roos-Schumacher, Hedwig/Schwartmanns, Annemarie 2005: VHS Lehrgang für Betreuerinnen an Offenen Ganztagsgrundschulen. Neues Berufsbild entwickeln – einheitliche Ausbildung konzipieren und zertifizieren. In: depesche-online 5, o.S.

Michael Götz

Bildung ist mehr als Schule. P&P-Erfahrungen des „Haus am Maiberg"

Die deutsche Bildungslandschaft – oder besser die Bildungslandschaften in Deutschland – befinden sich in einem starken Veränderungsprozess, ohne dass klar ist, wohin die Reise gehen soll bzw. wird. Bei den Bildungsdebatten steht in der Regel die Schule im Fokus der Diskussion. Nicht selten wird die Ganztagsschule als Allheilmittel gesehen und gefordert, wobei es sehr viele und unterschiedliche Modelle, Ideen und Sichtweisen gibt. Bei den gegenwärtigen Entwicklungen in Hessen und den dortigen Mindestanforderungen zur Anerkennung als Ganztagsschule vermisst man eine Diskussion über längerfristig geeignete Strukturen und inhaltlich gut durchdachte Konzeptionen von Ganztagsschule. Denn mit dem Bau einer Mensa und Unterricht und (Hausaufgaben-)Betreuung am Nachmittag ist die Entwicklung einer Ganztagsschule keineswegs abgeschlossen.

Den hessischen Schulen (und Schülern) wird in letzter Zeit ohne Frage viel abverlangt. Beispielsweise müssen sie die Umsetzung von „G8" (das Gymnasium in acht Jahren bzw. das Abitur nach 12 Jahren), die Einführung des Zentralabiturs sowie Umsetzung und Organisation der „Unterrichtsgarantie plus" (es soll kein Unterricht mehr ausfallen) bewältigen. Und nun kommt noch die Ganztagsschule dazu, die oft erst einmal als weitere Belastung angesehen wird.

Aber „Bildung ist mehr als Schule!" Mit diesem Slogan waren schon die „Leipziger Thesen" des Bundesjugendkuratoriums (Bundesjugendkuratorium 2002) überschrieben. Der Slogan hat im „Haus am Maiberg", der Akademie für politische und soziale Bildung der Diözese Mainz in Heppenheim, als Träger der außerschulischen politischen Jugendbildung neue Impulse für die Kooperation mit Schule gegeben. Die Akademie mischt sich seither noch stärker als Akteur und als Kooperationspartner von Schulen in die Diskussion und die Entwicklung der Ganztagsschule ein.

Die Ausgangslage: Bisherige Kooperation mit Schule

In der außerschulischen politischen Jugendbildung waren Schulen schon immer prädestinierte Kooperationspartner der freien Träger – unter anderem deshalb, weil sie sich ebenfalls mit der Bildung junger Menschen beschäftigen und einzelne Schülerinnen und Schüler oder ganze Gruppen dort als Teilnehmende erreicht werden können. Das gilt auch für das Haus am Maiberg. Allerdings wurden die Formate (und in der Regel auch die Lernorte) in der Kooperation zwischen Schule und Akademie bisher eher vom außerschulischen Partner vorgegeben. Die Veranstaltungen waren mehrtägig und sollten schon aus förderrechtlichen Gründen inhaltlich deutlich vom schulischen Unterricht getrennt sein. Zudem wurde erwartet, dass die Jugendlichen freiwillig an der Veranstaltung teilnehmen und dafür von der Schule freigestellt werden. Nach den Richtlinien des Kinder- und Jugendplans des Bundes (KJP) vom 19.12.2000 (Bundesministerium für Familie 2000) können „nicht als Jugendhilfe anerkannt und demnach nicht gefördert werden (...): Maßnahmen, die nach Inhalt, Methodik und Struktur überwiegend schulischen Zwecken (...) dienen.“ Sowohl die pädagogische als auch die rechtliche Verantwortung für die Veranstaltung lagen ausschließlich beim außerschulischen Partner, was im Vorfeld zwischen den Kooperationspartnern schriftlich vereinbart wurde.

Diese Bedingungen gelten nach wie vor – allerdings sind sie kaum auf die Kooperation zwischen außerschulischer politischer Bildung und Ganztagsschule anwendbar. Hier sind ganz andere Voraussetzungen, Formate und damit Rahmenbedingungen gegeben bzw. zu entwickeln. Gerade viele rechtliche und versicherungstechnische Fragen bedürfen der Klärung – ganz zu schweigen von den Fragen der Finanzierung und Förderung.

Baustelle Ganztagsschule – mitbauen oder zuschauen?

Die Bildungsdebatten der vergangenen Jahre haben dazu beigetragen, dass die Kooperation zwischen Schulen und Einrichtungen der außerschulischen Jugendarbeit und Jugendbildung verstärkt in den Blick geraten ist. Hierdurch wurde – wie bereits erwähnt – auch die Arbeit der Akademie Haus am Maiberg beeinflusst und inspiriert. Vor allem der Zwölfte Kinder- und Jugendbericht des Bundes (Bundesministerium für Familie 2005) fasst diese Debatten gut zusammen und nimmt Anstöße auf, die vom Bundesjugendkuratorium bereits 2001 in der Streitschrift „Für ein neues Verhältnis von Bildung und Jugendhilfe“ (Bundesministerium für Familie 2002) gegeben wurden.

Als Einrichtung der politischen Bildung hatte die Akademie von jeher ein sehr ausgeprägtes Selbstverständnis als Lern- und Bildungsort (siehe Leitbild der Akademie 2007). Spätestens seit in der Bildungspolitik nicht nur der schnelle Ausbau der Ganztagsschule gefordert wird, sondern erste entsprechende Weichenstellungen vorgenommen und Förderprogramme aufgelegt worden sind, wurde auch im Haus am Maiberg über zukünftige und neue Formen der Kooperation mit Schulen nachgedacht. Nur eine entsprechend offensive Qualitätsentwicklung kann, so die Überlegung, verhindern, dass es ggf. tatsächlich zu einer „freundlichen Übernahme" (Deinet 2002) der außerschulischen Jugendbildung durch die Schule kommt. Die Herausforderung, sich einzumischen und damit die Entwicklung mitzugestalten, hat die Akademie angenommen und will auch künftig mit der Teilnahme an Innovationsprojekten und am Fachaustausch weitere Erfahrungen sammeln. Schließlich ist nicht nur Partizipation das Credo und Grundprinzip der außerschulischen politischen Bildung, sondern vor allem hat die Profession Erfahrung darin, sich immer neuen Herausforderungen zu stellen, sich selbst und gegenüber der Politik bzw. Fördergebern zu rechtfertigen und mit Innovationen ihr Überleben zu sichern. Mischt man sich nun in die Schulentwicklung ein, kann allerdings leicht der Verdacht aufkommen, man hänge sein Fähnlein in den Wind, um möglicherweise neue Fördertöpfe zu erschließen – egal zu welchem Preis. Dass Geld und Finanzierungsfragen immer auch eine Rolle spielen, ist zwar nicht von der Hand zu weisen, aber zuallererst gilt, dass nur durch die qualifizierte Mitarbeit Entwicklung mitgestaltet und auf mögliche Fehlentwicklungen hingewiesen werden kann.

Es geht um die Zielgruppe

Ein weiterer wichtiger Grund, sich in diesem Feld einzubringen, ist die Frage nach den Teilnehmenden an außerschulischen Bildungsveranstaltungen, die zumeist Schülerinnen und Schüler sind. Wenn diese nämlich (demnächst) ganztägig in der Schule sitzen und auch am Wochenende zu Hause daran arbeiten müssen, die schulischen Anforderungen zu erfüllen, wann sind sie dann motiviert und zeitlich ansprechbar, auch noch an Bildungsveranstaltungen außerhalb der Schule teilzunehmen? Da sich außerschulische Träger derzeit nicht über zu hohe Nachfrage „beklagen" müssen, stellt sich durch die Ganztagsschule die Frage der Erreichbarkeit ihrer Zielgruppen verschärft. Dies soll aber nicht bedeuten, dass man sich der Schule entweder anbiedern oder als feindlicher Konkurrent auftreten muss, um eigene Bildungsangebote durchsetzen zu können. Die politische Bildung sollte vielmehr selbst zu einem wechselseitigen Lernprozess und einer Öffnung bereit sein – ein Appell, der von unterschiedlichen Seiten auch immer wieder an die Schule herangetragen wird. Durch diese Öffnung können der Blick auf die sich verändernden Bildungsbedingungen geschärft und neue Wege beschritten werden. Die jeweiligen Erfahrungen, Fähigkeiten und Stärken der formalen wie der non-formalen Bildung können im Dialog weiterentwickelt und in die Gestaltung neuer Bildungslandschaften eingebracht werden.

Regionales Engagement

Ein weiterer Grund, der die Entscheidung, sich mit der (Ganztags-)Schulentwicklung auseinanderzusetzen, wesentlich befördert hat, ist die zunehmende regionale Ausrichtung des Hauses am Maiberg in den vergangenen Jahren. Waren die Veranstaltungen lange Zeit bundesweit frei ausgeschrieben, so hat sich – nicht zuletzt durch die Teilnahme an Aktionsprogrammen des Landes Hessen – ein landesspezifisches Engagement entwickelt. Seit 2004 ist die Akademie darüber hinaus Kooperationspartner des kommunalen Jugendbildungswerkes des Kreises Bergstraße, in dessen Auftrag Veranstaltungen außerschulischer politischer Jugendbildung für Teilnehmende aus dem Kreis angeboten werden. Dies hat die Entwicklung neuer Veranstaltungsformate notwendig gemacht und Förderbedingungen mit sich gebracht, die zunächst ungewohnt waren. Deutlich wurde dabei, wie wichtig die Kooperation mit den Schulen und Kontakte vor Ort sind.

Erfahrungen sammeln

Diese Aufbauarbeit war einer der Grundsteine für die Entscheidung noch weiter zu gehen, sowohl im regionalen als auch im schulischen Umfeld. Und da Modell-, Innovations-, Förderprogramme und Projekte zusätzlich die Chance bieten, nicht nur neue Wege zu gehen, sondern auch die politische Bildung als qualifizierten Mitspieler zu positionieren und nebenbei den oft defizitären Informationsfluss zwischen Praxis, Wissenschaft und Politik zu beleben, entschied sich die Akademie an dem bundesweiten Projekt „Politik & Partizipation in der Ganztagsschule" (P&P) der GEMINI (Gemeinsame Initiative der Träger politischer Jugendbildung) teilzunehmen. Hierbei ist gemeinsam mit einer Gesamtschule eine jahrgangsübergreifende (10.-13. Jahrgangsstufe) Politikwerkstatt aufgebaut worden, die die Projektphase nachhaltig überdauert hat.

Zunächst kann hier festgehalten werden, dass sich das Experiment Ganztagsschule durchaus gelohnt hat. Die Erfahrungen und Ergebnisse des P&P-Projektes konnten sogar weiterentwickelt und als Innovationsprojekt in ein Aktionsprogramm des hessischen Sozialministeriums (Partizipation und Kooperation zwischen Jugendarbeit und Schule/PKJS) eingebracht werden.

Öffnung von Schule

Das P&P-Projekt hat belegt, dass sich eine Schule neuen Ideen und Mitstreitern von außen öffnen kann. Allerdings ist auch deutlich geworden, dass dies sehr stark von Einzelpersonen abhängt, deren individuelle Offenheit Voraussetzung ist, um Schwellen übertreten zu können. Im Umkehrschluss bedeutet das, dass Kooperationsmöglichkeiten im Keim erstickt werden, wenn Schulleitung oder Lehrkräfte eine Zusammenarbeit abblocken.

Hier ist die enge Zusammenarbeit mit einem festen Ansprechpartner (und Fürsprecher) in der Schule bzw. aus dem Lehrerkollegium unumgänglich. Denn dass da plötzlich noch jemand von außen in der Schule „herumläuft“, muss auch von den anderen schulischen Akteuren wahrgenommen und akzeptiert werden. Außerdem verliert man als Außenstehender, der sein Wissen über das Funktionieren von Schule überwiegend aus seiner eigenen Schülerzeit besitzt, schnell den Überblick. Die Zusammenarbeit und/oder Abstimmung mit einem verwandten Fachbereich hat sich daher als durchaus sinnvoll erwiesen. In diesem Fall war es das Fach „Politik und Wirtschaft (Po-Wi)“, wie es derzeit in Hessen genannt wird. Dass sich hier eine Tendenz zu immer mehr „Wirtschaft“ statt „Politik“ abzeichnet und das Fach abgewählt werden kann, ist nur ein Nebenschauplatz, bei dem die politische Bildung lieber die „Politik-Fahne“ hoch halten würde.

Lernorte- und -zeiten, nonformales Lernen

Aber selbst wenn eine Schule bereit ist sich zu öffnen und mit außerschulischen Partnern zusammenzuarbeiten, so unterliegt sie doch strukturellen, organisatorischen und formalen Zwängen, die auch der außerschulische Partner berücksichtigen muss. Allein schon die Frage nach Zeit und Ort der möglichen gemeinsamen Veranstaltungen birgt große Schwierigkeiten. So wird auf dem Weg zur Ganztagsschule zunächst meist die übliche Taktung der Stundentafel auf den Nachmittag ausgedehnt. Dieser ist dann entsprechend dicht mit häufig sogar konkurrierenden Angeboten gefüllt. In diesem Nachmittag muss zwischen Hausaufgabenhilfe, Sport, Theater AG und Kunstprojekt noch ein Plätzchen für etwas Zusätzliches gefunden werden.

Besonders schwierig ist es, ein jahrgangsübergreifendes, freiwilliges und regelmäßiges Angebot zu machen, an dem immer alle teilnehmen können. Bewährt hat sich in unserem – jahrgangsübergreifenden – Kooperationsprojekt daher das Modell, sich zwar so oft es geht einmal wöchentlich am Nachmittag in der Schule zu treffen, aber vor allem auch, aus der Schule herauszugehen. In Block-, Tages- und auch mehrtägigen Veranstaltungen arbeiteten die teilnehmenden Schülerinnen und Schüler gemeinsam in der Bildungsstätte. Sie waren gern bereit, entsprechende Wege in Kauf zu nehmen, sich an Kosten zu beteiligen und fanden die Arbeit im Tagungshaus gut. Ein Beleg hierfür ist, dass die Teilnehmenden auch am Wochenende und sogar in den Schulferien zu den Veranstaltungen kamen, um an ihren Themen und Projekten zu arbeiten. Durch diese Veranstaltungsformen wurde auch die 45- bzw. 90-Minuten-Taktung durchbrochen, was ein sehr intensives Arbeiten ermöglichte, sodass die Teilnehmenden teilweise sogar ihre Pausen vergaßen.

Selbstbestimmtes Arbeiten

Die für die außerschulische politische Bildung üblichen Arbeitsformen (Kleingruppen, Metaplan, Teambildung, Planspiel etc.) waren für die Teilnehmenden zum Teil ungewohnt oder wurden in der Schule noch nicht in dieser Intensität angewendet. Aber sie zeigten Wirkung: Die begleitende Lehrkraft äußerte sich erstaunt und überrascht, über das, was einzelne Schülerinnen und Schüler zu leisten im Stande sind. Oft waren es gerade diejenigen, die ihre Stärken im formalen Unterricht nicht so gut zeigen können. Wird der Lernort Schule einmal verlassen, so brechen in der Regel recht schnell die eingefahrenen Rollen und Strukturen auf, die Karten werden neu gemischt und jeder kann seine Fähigkeiten einbringen. Das gelingt auch, weil der non-formale Bereich, in dem nicht benotet wird, es erlaubt, dass die Teilnehmenden ihre Themen, Aktivitäten und Projekte selbst entwickeln können. Dabei fühlen sie sich ernst genommen und sie können sich mit ihrer Sache identifizieren. Eine Bewertung erreichter oder nicht erreichter Ziele findet in Reflexionsphasen durch die Teilnehmenden selbst statt.

Zu beobachten war, dass nicht nur Persönlichkeit und Selbstbewusstsein gestärkt wurden, sondern dass einige Schülerinnen und Schüler durch die erlernten (selbstorganisierten) Arbeits- und Darstellungsformen auch ihre schulischen Leistungen und Noten verbessern konnten. Dies bedeutet, dass die non-formale außerschulische politische Bildung durchaus auch zum Erfolg des Einzelnen in der formalen schulischen Bildung beitragen kann.

Demokratie lernen in regionalen Bildungslandschaften

Die Kooperation zwischen außerschulischer und schulischer Bildung muss nicht auf die beiden Lernorte Bildungshaus oder Schule begrenzt bleiben. Die außerschulische politische Bildung will Menschen dazu befähigen, sich in Gesellschaft und Politik besser orientieren und sich aktiv beteiligen zu können. Durch ein Kooperationsprojekt können diese Ziele aus der Theorie in die Praxis umgesetzt werden, z.B. durch die Mitgestaltung des Lebensraumes Schule oder der Lebensräume Gemeinde/Stadtteil, Landkreis etc. Im konkreten Fall erhielt die Politikwerkstatt durch die Organisation eines Benefizfußballturniers öffentliche Aufmerksamkeit. Dabei wurden sowohl andere Schulen, als auch der örtliche Bürgermeister und Mitglieder des Hessischen Landtags eingebunden. Damit wurden die Politikwerkstatt, ihre Arbeit und das Kooperationsprojekt in der Region bekannt gemacht. In der Folge hat z.B. der Bürgermeister die Schülerinnen und Schüler zu Gesprächen eingeladen und seine weitere Unterstützung zugesagt. Inzwischen nehmen Mitglieder der Politikwerksatt auch an anderen Bildungsveranstaltungen und Projekten des Hauses am Maiberg teil. So vertraten drei von ihnen auf Einladung der Akademie das Land Hessen bei einer internationalen Jugendbegegnung in der polnischen Partnerregion Wielkopolska. Es zeigte sich, dass durch Kooperationsveranstaltungen der Blick auf die Möglichkeiten außerschulischer Bildungs- und Engagementfelder geschärft und die Vernetzung mit anderen Akteuren vor Ort gefördert werden können.

Auch die Akademie Haus am Maiberg konnte und kann ganz praktischen Nutzen aus der Kooperation bzw. der Politikwerkstatt ziehen. Durch die Kontakte zu Schülerinnen, Schülern und Lehrkräften wurde die Arbeit der Akademie bekannter, wodurch sich auch Kooperationen mit anderen Schulen ergaben bzw. Lehrkräfte und Schulen von sich aus auf das Haus am Maiberg zukamen und nach Angeboten fragten. Eine Schülerin russischer Herkunft half bei Übersetzungs- und Recherchearbeiten für einen geplanten Jugendaustausch mit Russland und ein Schüler, der ein Jahr in den USA lebte, war behilflich bei der Kontaktvermittlung möglicher Partner in der hessischen Partnerregion Wisconsin für einen Jugendaustausch.

Verortung und Ausblick

Derzeit arbeitet das Haus am Maiberg im Rahmen des Aktionsprogramms PKJS an folgenden Zielen, die sich aus der bisherigen Arbeit herauskristallisiert haben und hier als kurze Zusammenfassung dienen können:

- Es soll die Zusammenarbeit zwischen Schulen und einer Bildungsstätte der außerschulischen politischen Jugendbildung im Rahmen von Modellversuchen erprobt und in einem offenen Prozess ein übertragbares Modell entwickelt werden.
- Über die praktische Zusammenarbeit soll der Dialog zwischen Schulen und außerschulischer Jugendbildung angeregt, dabei sollen ggf. auch andere relevante Akteure (Elternvertretung, Freundeskreise u.a.) einbezogen werden.
- Es werden Gemeinsamkeiten und Unterschiede der jeweiligen Einrichtungskulturen und der spezifischen Bildungsaufträge von Schule und außerschulischer Jugendbildung herausgearbeitet und mögliche Felder gemeinsamer Verantwortung in Bildung und Betreuung für die Zukunft beschrieben.
- Es werden Möglichkeiten und Grenzen des Engagements der politischen Jugendbildung im Rahmen des Auf- und Ausbaus der Ganztagsschule er-probt.
- Jungen Menschen sollen Kenntnisse über politische Prozesse vermittelt und sie sollen zu selbstständigem Urteil und eigenverantwortlicher Partizipation im Lebensraum Schule und darüber hinaus befähigt werden.
- Wir wollen Impulse zur Entwicklung demokratischer Schulkultur geben und dafür die Unterstützung der außerschulischen politischen Jugendbildung anbieten.

- Durch Fachtagungen soll der Fachaustausch zwischen den Beteiligten (Schulleitern, Lehrkräften, Schülern, Eltern, Verwaltung, Jugendarbeit und Jugendbildung) über Ziele und Aufgaben der Kooperation zwischen Schule und außerschulischer Jugendbildung angeregt werden.
- Durch die „Werkstattprojekte" sollen auch Ideen zur Lehrplangestaltung entwickelt sowie die Lehrerausbildung (z.B. im Referendariat) in den Blick genommen und weiterführende Anregungen gegeben werden.

Wünsche und Forderungen

Zur sinnvollen Umsetzung dieser Ziele und zu einer Verbesserung der Rahmenbedingungen für Kooperationen zwischen außerschulischer politischer Bildung und Ganztagsschulen wäre es wünschenswert (mit Blick auf Hessen, aber auch generell), wenn es für dieses Themengebiet klar definierte Zuständigkeiten in Ministerien und Verwaltung gäbe. Durch eine Verbesserung der Koordination bzw. des Informationsflusses beispielsweise zwischen dem Hessischen Sozialministerium, in dessen Zuständigkeit die Jugendhilfe und damit auch die politische Jugendbildung zurzeit fällt, und dem Kultusministerium, das für die Schule zuständig ist, könnten Reibungsverluste an dieser Schnittstelle vermieden werden. Rechtliche Grauzonen sollten ebenfalls eindeutig geklärt werden, z.B. Versicherungsfragen.

Bildung ist Ländersache, dennoch lohnt der Blick über die Ländergrenzen hinweg. Zwar unterscheiden sich die Rahmenbedingungen in einzelnen Bundesländern sehr stark, aber nicht jedes Rad muss neu erfunden werden und der kollegiale Austausch kann die eigenen Sichtweisen ergänzen.

Bei der Entwicklung einzelner Schulen hin zur Ganztagsschule spielen immer auch spezifische Rahmenbedingungen eine Rolle. Durch eine regionale Vernetzung von Akteuren könnten diese besser berücksichtigt und jeweils passende und sinnvolle Konzepte entwickelt und etabliert werden. Nicht umsonst wird heute in der pädagogischen Fachdebatte über die Notwendigkeit stärkerer Vernetzung diskutiert und werden sogenannte „regionale Bildungslandschaften" beschrieben und gefordert.

Fazit

Die bisherigen Erfahrungen haben gezeigt, dass die Ganztagsschulentwicklung ein Feld ist, das die außerschulische politische Bildung durchaus mit bestellen kann. Gerade auch wenn es um eine ganzheitliche Bildung, die Förderung der Persönlichkeit und die sogenannten „Softskills" oder Schlüsselqualifikationen geht, verfügt sie über einen reichen Erfahrungsschatz. Was für die politische

Bildung ein „alter Hut“ ist, wird heute auch von Teilen der Wirtschaft als wichtig erkannt und dort gern als große Innovation gefeiert. „Das Besondere: Der Fokus liegt nicht nur auf der fachlichen Leistung. Das komplette Persönlichkeitsprofil wird gefordert und gefördert“ und es geht „um die Bereitschaft zu Leistungen, die man nicht in Noten ausdrücken kann. Unser Ziel ist es, Dich auf besondere Weise auf den Berufseinstieg vorzubereiten“, heißt es in einem Förderprogramm für angehende Ingenieure (!), hinter dem auch große Wirtschaftsunternehmen stehen (*www.vdi.de/elevate*). Dieser Text könnte ebenso in den Leitsätzen einer Ganztagsschule oder einer Einrichtung der außerschulischen politischen Bildung stehen. Es besteht die Chance, dass sich hier politische Bildung und Ganztagsschule gut ergänzen und „ganz nebenbei“ auch noch auf (An-)Forderungen der Wirtschaft eingehen können.

Literatur

Akademie für politische und soziale Bildung der Diözese Mainz in Heppenheim Haus am Maiberg 2007: Leitbild: www.haus-am-maiberg.de/documents/leitbild.php, Zugriff: 17.12.2007

Aktionsprogramm Partizipation und Kooperation zwischen Jugendarbeit und Schule (PKJS): http://www.pkjs.h-da.de/, Zugriff: 17.12.2007

Bundesjugendkuratorium 2002: Bildung ist mehr als Schule. Leipziger Thesen zur aktuellen bildungspolitischen Debatte, Download: www.bmfsfj.de/Kategorien/aktuelles,did=5420.html, Zugriff: 17.12.2007

Bundesministerium für Familie, Senioren, Frauen und Jugend 2000: Richtlinien des Kinder- und Jugendplans des Bundes (KJP) vom 19.12.2000, Download: www.bmfsfj.de/bmfsfj/generator/Politikbereiche/kinder-und-jugend,did=3520.html, Zugriff: 17.12.2007

Bundesministerium für Familie, Senioren, Frauen und Jugend in Zusammenarbeit mit dem Bundesjugendkuratorium 2002: Zukunftsfähigkeit sichern! Für ein neues Verhältnis von Bildung und Jugendhilfe, Januar 2002, Download: http://www.bmfsfj.de/Politikbereiche/kinder-und-jugend,did=5198.html, Zugriff: 17.12.2007

Bundesministerium für Familie, Senioren, Frauen und Jugend 2005: Bericht über die Lebenssituation junger Menschen und die Leistungen der Kinder- und Jugendhilfe in Deutschland – Zwölfter Kinder- und Jugendbericht: Bildung, Betreuung und Erziehung vor und neben der Schule, Download: http://www.bmfsfj.de/RedaktionBMFSFJ/Abteilung5/Pdf-Anlagen/zwoelfter-kjb,property=pdf.pdf, Zugriff: 17.12.2007

Deinet, Ulrich 2002: Schule und Jugendarbeit – Von der Kooperation zur freundlichen Übernahme? In: deutsche jugend, 50, Heft 7-8, S. 327-335

Kerstin Schöne

Politische Jugendbildung und Ganztagsschule – kann das zusammengehen?

Ein P&P-Versuch von Arbeit und Leben Sachsen

Als freier Träger außerschulischer politischer Bildung pflegt Arbeit und Leben Sachsen über lange Jahre gute Partnerschaften zu Mittelschulen und zu Berufsschulen im Freistaat Sachsen. Gemeinsam mit Schulleitungen und engagierten Pädagoginnen und Pädagogen führen wir vielfältige Veranstaltungen innerhalb der politischen Jugendbildung durch. Von Projekttagen und -wochen für Courage und gegen Fremdenfeindlichkeit und Rassismus, über Themen interkulturellen Lernens, Gedenkstättenarbeit bis zur Organisation von internationalen Jugendbegegnungen reicht die Palette.

Unsere Zusammenarbeit erfolgt dabei in Form einer gemeinsamen Bedarfsanalyse, in welche sowohl die Pädagoginnen und Pädagogen als auch die teilnehmenden Jugendlichen eingebunden werden. Auf dieser Basis entwickeln wir eigenständige Konzepte für Seminare und Workshops, bereiten die jeweiligen Veranstaltungen vor, führen diese durch und werten die Ergebnisse abschließend wieder mit den Kooperationspartnern aus. Unsere Arbeit ist vor allem geprägt durch die Grundsätze der außerschulischen politischen Bildung wie der Betonung der Freiwilligkeit zur Nutzung unserer Angebote, des „Abholens“ des Lernenden von der jeweils individuellen Ausgangslage, der Ausrichtung der Angebote nach dem Bedarf der Lernenden, der methodischen Vielfalt und der Orientierung auf Handlungsbezüge sowie der längerfristigen inhaltlichen Arbeit möglichst in mehrtägigen Kursen – um nur einige Kriterien zu nennen.

Mit der Idee, das Zusammengehen von Schule und außerschulischem Partner im Rahmen von Ganztagsangeboten zu erproben, mussten wir uns die Fragen stellen: Unterscheidet sich nicht unsere Arbeitsweise grundsätzlich von der der Schule? Schon der 45-Minuten-Rhythmus der Unterrichtsstunden in der Schule weicht grundsätzlich von unseren, in der Regel ein- bis mehrtägigen Formaten ab. Wie soll so ein Zusammengehen möglich sein?

Unsere Ausgangsüberlegungen

Gerade unsere guten langjährigen Kooperationen zu Mittelschulen in Sachsen haben uns aber auch zu anderen Überlegungen gebracht: Welchen Beitrag können wir als freier Bildungsträger, als gesellschaftliche Kraft außerhalb von Schule, für die Entwicklung von Ganztagsschulen leisten? Wie stehen wir selbst zur Ganztagsschule? Wo sehen wir Möglichkeiten, dass Ganztagsschule von einer Zusammenarbeit mit uns profitieren kann? Wo sehen wir aber auch Lernfelder für uns im Austausch mit Ganztagsschulen?

Dass die Schule sich im Wandel befindet und hier jede Unterstützung aus der Gesellschaft gebrauchen kann – daran haben wir keinen Zweifel. Die Entwicklung der Schule zu einer funktionierenden Ganztagsschule, in der ganzheitliches Lernen für junge Heranwachsende möglich wird, Kinder mit Benachteiligungen aufgefangen und in ihren Begabungen bestmöglich gefördert werden, das sind für uns Ziele, die wir gern nach besten Kräften unterstützen wollen. Vor allem ist uns wichtig, dass Kinder und junge Heranwachsende Lernen nicht als Strafe, sondern als Herausforderung für ihre Zukunft, als Konzept eines lebenslangen Prozesses begreifen, der mit Spaß und persönlicher Befriedigung zu tun haben kann.

Gerade unser Ansatzpunkt, dass Lernen am Lernenden initiiert wird, bedarfsgerecht und so lange, wie der Lernende sich selbst beteiligen will (Prinzip Freiwilligkeit) könnte den Aufbau der Ganztagsschule unterstützen. Als außerschulischer Bildungsanbieter sind wir keinem Curriculum und keinem Lehrplan verpflichtet. Wir arbeiten mit Themen, die aktuell sind und von den Lernenden formuliert werden. Wir haben uns Kompetenzen erworben, flexibel auf Bedarfe einzugehen, Methoden vielfältig einzusetzen und an das Lernniveau der Teilnehmenden anzupassen. Mit diesen Kompetenzen sahen wir Möglichkeiten, uns in die Entwicklung von Ganztagsschule mit einzubringen. Für unsere Profession sahen wir in der stärkeren Zusammenarbeit mit Schule eine Chance, über einen längeren Zeitraum bis zu einem Jahr regelmäßig Angebote zur politischen Bildung Jugendlichen zu unterbreiten. Wir waren deshalb gespannt, welche Veränderungen wir bei den Teilnehmenden spüren würden, wenn wir ein solches Ganztagsangebot durchführen würden.

Rahmenbedingungen der Zusammenarbeit

Im Freistaat Sachsen gestaltet sich die Ganztagsschule laut Förderrichtlinie des Sächsischen Staatsministeriums für Kultus zum Ausbau von Ganztagsangeboten (FRL GTA), überarbeitete Fassung, Stand: 22. Mai 2007, als „Schule mit Ganztagsangeboten“: Eine Voraussetzung für eine Förderung ist „eine von der Schule erarbeitete pädagogische Gesamtkonzeption“ (§ 2.1 der FRL GTA). In der pädagogischen Gesamtkonzeption ist die Rhythmisierung des gesamten Schultages zu berücksichtigen. Die Gestaltung sollte ausgewogen sein zwischen Elementen des Unterrichts, Maßnahmen, Projekten und Arbeitsgemeinschaften. Dabei vollzieht sich der Unterricht nach wie vor am Vormittag, während Angebote und Arbeitsgemeinschaften am Nachmittag stattfinden.

Im Freistaat ist im Rahmen des Bundesprogramms Innovation Bildung und Betreuung (IZBB) vom Kultusministerium eine Servicestelle Ganztag eingerichtet worden, um den Schulen Unterstützung zu geben. Das ist notwendig, denn mit der Einrichtung eines Ganztagsangebots sehen sich Schulleitungen mit der Aufgabe eines Schulmanagements betraut, mit dem nicht nur Lehrkräfte, Schülerinnen und Schüler sowie Unterricht koordiniert werden müssen, sondern darüber hinausgehende Maßnahmen und Angebote entweder selbst entwickelt oder von außen eingeholt werden, Ansprechpartner abgestimmt und finanzielle Mittel beantragt und abgerechnet werden müssen. Dass das Konzept einer Ganztagsschule zu Beginn nur sehr zögerlich aufgegriffen wurde, hängt sicherlich auch mit diesen zusätzlichen Aufgabenfeldern und dem Vorhanden- oder eben nicht Vorhandensein ebensolcher Kompetenzen zusammen.

Da zum Zeitpunkt unseres Projektstarts im Frühjahr 2005 die erwähnte Servicestelle Ganztag noch nicht bekannt war, wendeten wir uns direkt an das Regionalschulamt Leipzig und bekamen sehr kompetente Auskünfte und Unterstützung von der dort zuständigen Ansprechpartnerin. Das Engagement dieser Frau hat uns sehr beeindruckt. Sie hat nicht nur bereitwillig Informationen aufgenommen und unsere Fragen beantwortet, sondern hat sich direkt an die Schulleitung der Helmholtzschule gewandt und unser Angebot dort empfohlen.

Auf diese Empfehlung hin fanden wir sehr schnell Kontakt zur Schulleitung der Helmholtz Mittelschule in Leipzig. Die Schulleiterin, selbst Lehrerin für Gemeinschaftskunde, dem Fach für politische Bildung in Sachsen, war sehr aufgeschlossen für unser Anliegen, im Rahmen der Ganztagsschule politische Bildung als Angebot für die Schüler und Schülerinnen einzubringen. Als Grundlage unserer Zusammenarbeit wurde ein Kooperationsvertrag abgeschlossen, in dem alle wesentlichen Vereinbarungen dokumentiert wurden. Die Aufgeschlossenheit der Schulleitung für unser Angebot sowie die Dokumentation von gemeinsamen Absprachen in einem Kooperationsvertrag waren zwei wesentliche Stützpfeiler für unsere weitere Zusammenarbeit. Trotz einiger Schwierigkeiten war gerade diese Rückendeckung für uns wichtig, um unser Angebot erfolgreich in die Praxis umsetzen zu können. Lernbereitschaft wurde sowohl von Seiten der Schule als auch von unserer Seite aufgebracht, dies beförderte den Prozess.

Erfahrungen

Unser Angebot hieß: „Was hat Politik mit mir zu tun?" Ausgehend von dem zunehmenden Desinteresse an Politik, nicht nur bei Jugendlichen, sondern auch bei Erwachsenen, war es uns wichtig, für die Schülerinnen und Schüler den Zusammenhang zwischen Politik und eigener Lebenssituation bewusst und erlebbar zu gestalten. Es sollten Standpunkte hinterfragt und verdeutlicht sowie Toleranz gegenüber anderen Standpunkten thematisiert werden. Im Kurs sollte schrittweise Partizipation und Verantwortungsübernahme gelernt werden, damit diese Erfahrungen die Jugendlichen motivieren, sich selbst in ihre Lebensumwelt verantwortungsbewusst und selbstständig einzubringen und damit aus einer Konsumrolle herauszufinden.

Wir bearbeiteten mit den Jugendlichen die Themen Wahlen, Demokratie und Diktatur, Europa, Vorurteile, Rechtsextremismus und Migration sowie Team und Kommunikation untereinander. Geplant war, dass im Laufe der Kurszeit die Teilnehmenden zunehmend die Inhalte des Kurses bestimmen und zum Teil deren Organisation übernehmen sollten. Als Einstiegsthema wählten wir das Thema „Wahlen", da im September 2005 die Bundestagswahl anstand. Von den Teilnehmenden wurde das Thema gerade wegen des aktuellen Bezuges gut angenommen.

Der Kurs fand allwöchentlich am lernungünstigen frühen Nachmittag statt. Das war ein Grund mehr, Methoden zu entwickeln, die einen niedrigschwelligen Zugang zum Kurs ermöglichten, aber dennoch Inhalte politischer Bildung transportierten. Wir fragten: „Wo hat euch in der letzten Woche Politik berührt?" Jugendliche konnten erzählen, was ihnen in der letzten Woche begegnet war und welche Fragen das aufgeworfen hatte. Von den Jugendlichen wurde dieser Einstieg sehr gut aufgenommen. Sie spürten, dass sie von den TeamerInnen ernst genommen wurden. Mit dieser Eingangsfrage zu Beginn einer jeden Einheit wurde eine Routine entwickelt, die den Kurs über den gesamten Verlauf begleitete. Aus der sich jeweils anschließenden Diskussion heraus konnten Themen vertieft werden. Zum Beispiel wurden die Unruhen in Frankreich im November 2005, die Beziehung Irak–Jemen im Januar 2006 und die Meldungen zur CIA und Folter im Januar 2006 angesprochen. Aus der Diskussion um die Unruhen in Frankreich entwickelte sich beispielsweise der Themenblock „Demokratie und Diktatur". Es wurde nach Ordnung, Sicherheit und Herrschaftssystemen gefragt, die in den anschließenden thematischen Einheiten bearbeitet wurden.

Ein weiteres wesentliches Element zur Förderung von Partizipation der Jugendlichen war eine Aufgabe, die wir den Jugendlichen mitgaben. Die Aufgabe bestand darin, dass jede Teilnehmerin bzw. jeder Teilnehmer ein Interview mit einer Freundin, einem Freund, einem Familienmitglied o.a. führen sollte. Dafür sollten sie drei Fragen zu einem politischen Thema ihrer Wahl formulieren und daraus einen Fragebogen entwickeln. Dieser Fragebogen sollte von dem/der Interviewten ausgefüllt werden bzw. sollten die Interviewenden auf seiner Grundlage nachfragen. Das Ergebnis wurde in Form einer Collage präsentiert. Die Inhalte flossen in die weiteren Diskussionen ein.

Beispielsweise hatte ein Teilnehmer seinen Chatfreund interviewt. Dieser Chatfreund vertrat rechtsextreme Auffassungen. Der Teilnehmer distanzierte sich von diesen Aussagen, meldete aber Gesprächsbedarf an, den die Gruppe teilte. Auf dieser Basis wurde der Themenblock „Vorurteile, Rechtsextremismus und Migration“ gestaltet. Die Teamerinnen waren einhellig der Meinung, dass dieser Themenblock deshalb so intensiv war, weil das Thema aus der Gruppe kam und nicht aufgesetzt war.

Die Sicht der Jugendlichen?

Um in der Evaluation unserer Ganztags-Kooperation auch die Sicht der Jugendlichen berücksichtigen zu können, haben wir mit einem Fragebogen die Jugendlichen zum Abschluss nach ihrer Meinung zum Kurs gefragt. Geantwortet haben fünf Mädchen und sechs Jungen.

So stellten wir die Frage: „Hat sich der Wahlpflichtkurs ‚Was hat Politik mit mir zu tun?‘ für dich gelohnt?“ Fünf der Jungen antworteten mit „trifft zu“, jeweils zwei der Mädchen meinten „trifft zu“ bzw. „trifft eher zu“. Zu der Frage: „Was hat dir am Kurs besonders gut gefallen?“ wurde geantwortet: „dass über Rechtsradikalismus geredet wurde“, „Ausflüge, Diskussionen, Themen“, „viele praktische Anwendungen“, „dass auf Argumente eingegangen wird“, „lockere Atmosphäre“, „dass man seine Meinungen austauschen konnte“, „Demokratie, Rechtsextremismus, Diktatur und Tabu“, „Diskussionen und das Thema Entführungen im Irak“.

Zu der Frage: „Kannst du politische Meinungen und Standpunkte durch den Kurs besser verstehen?“ gaben vier der Mädchen an „Ja, manchmal“ und ein Mädchen sagte „Ja, sehr oft“. Von den Jungen gaben drei an „Ja, sehr oft“, und zwei „Ja, manchmal“. Wir wagten auch die Frage: „Hat sich dein Interesse an Politik durch den Kurs gesteigert?“ Von den Jungen sagten drei „ja“ und zwei „ein wenig“. Von den Mädchen sagten vier „ein wenig“.

Gerade die Mädchen, die sich als weniger politisch interessiert einstuften als die Jungen, fühlten sich von der Eingangsfrage „Wo hat dich Politik in der letzten Woche berührt?“ stärker angesprochen. Sie gaben an, dass sie vorher „in der Freizeit nie freiwillig Nachrichten gesehen habe(n) und jetzt schaue ich sie jeden Abend“, „man hat Aktuelles erfahren, was man vielleicht selber nicht mitbekommen hat“, „weil es eigentlich wichtig ist, so was zu wissen, wie es im Land läuft.“

Mit dem Kursangebot konnten wir demnach Jugendliche für politische Themen und eine Auseinandersetzung damit interessieren. Wir erreichten nicht nur interessierte Jungen, sondern konnten auch eher weniger interessierte Mädchen gewinnen. Die Themen, die von ihnen selbst eingebracht wurden, wurden am besten angenommen. Die Abwechslung in den Methoden, auch Exkursionen und die lockere Gesprächsatmosphäre wurden als besonders gut eingeschätzt.

Trotz anfänglicher Startschwierigkeiten – sich überschneidende schulische Termine, die uns nicht bekannt waren, die mit der Nachmittagszeit einhergehenden Konzentrationsschwierigkeiten sowie die mangelnde Gewohntheit der Jugendlichen, sich selbst mit Ideen in den Kurs einzubringen – können wir sagen, dass im Wesentlichen die Ziele des Kurses erreicht werden konnten. Gerade die Rückmeldung der Jugendlichen nach nur einem Jahr gemeinsamer Arbeit machte uns sehr froh und bestärkt uns für eine Fortsetzung dieser Arbeit.

Problemfelder

Unser Kursangebot fand in der Schule in einem normalen Unterrichtsraum statt. Soweit es ging, gestalteten wir den Schulraum nach unseren Anforderungen. Wir stellten die Tische an die Seite und die Stühle zu einem Stuhlkreis. Die Ergebnisse unserer Arbeit „schmückten" jeweils die Wände. Damit konnten wir schon eine gewisse Arbeitsatmosphäre schaffen, die sich deutlich vom Unterricht des Vormittags unterschied. Die Schülerinnen und Schüler sowie die Teamerinnen diskutierten „auf gleicher Augenhöhe". Ergebnisse wurden der Gruppe von unterschiedlichen Perspektiven aus präsentiert – je nach dem, wo der oder die Präsentierende saß. In der Kleingruppenarbeit wurden die Möglichkeiten des Raumes, aber bei schönem Wetter auch die der Umgebung genutzt, was von den Jugendlichen als auflockernd und angenehm empfunden wurde. Dennoch müssen wir festhalten, dass die reale und empfundene „Nähe" zur Schule und den damit gemachten Erfahrungen in unser Angebot einfloss. Die Schülerinnen und Schüler brauchten Zeit, um mit den Teamerinnen nicht die Lehrerrolle und damit bestimmte Projektionen zu verbinden. Unser Wunsch nach Beteiligung und Übernahme von Verantwortung wurde nur zögerlich und auch mehr im zweiten Halbjahr angenommen, weil die Schülerinnen und Schüler diese Form des eigenständigen Arbeitens nicht gewohnt waren. Unsere Exkursionen waren damit auch ein wichtiger Teil, die Schule als Lernraum zu verlassen und die Jugendlichen in eine andere Lernatmosphäre zu versetzen.

Unser Angebot fand einmal in der Woche von 13.40 bis 15.15 Uhr statt. Aus der Sicht der Schülerinnen und Schüler war dies die 7. und 8. Stunde. Die Nachmittagszeit, nach dem Mittagessen und dem vorangegangen Unterricht vom Vormittag, ist erfahrungsgemäß eine Zeit, in der die Konzentration schwer fällt. Sich in dieser Zeit mit politischen Themen zu beschäftigen, ist schon Herausforderung genug. Für unsere Jugendlichen, Schülerinnen und Schüler aus Real- und Hauptschulzweigen, die sich nicht durch eine besondere Lernmotivation auszeichneten, war diese Zeitplatzierung sehr schwierig. Deshalb haben wir uns gefreut, dass nach anfänglichen Schwierigkeiten die Jugendlichen Spaß am Kurs bekommen haben und auch nach Beginn des zweiten Halbjahrs regelmäßig teilgenommen haben. Dennoch wollen wir hier anmerken, dass in der Entwicklung der Ganztagsschule künftig auch der Biorhythmus der Lernenden in den Blick genommen werden sollte.

Im Freistaat Sachsen ist die Einführung der Ganztagsangebote nach Klassenstufen gestaffelt worden. Mit der Einführung begann die Klassenstufe 5, im Folgejahr rückte die neue Klassenstufe 5 nach, so dass im Schuljahr 2005/2006 die Klassenstufen 5, 6 und 7 mit Ganztagsangeboten erfasst wurden. So gab es keine Ganztagsklasse mit Jugendlichen ab 14 Jahren, der Zielgruppe, mit der wir in der Regel arbeiten. Mit der Schulleitung einigten wir uns deshalb darauf, dass wir im Rahmen der Neigungskurse der Klassenstufe 9 ein Angebot unterbreiten. Diese Einbettung in den Unterricht hatte zur Folge, dass wir uns mit der Notwendigkeit der Benotung konfrontiert sahen, die den Prinzipien unserer Arbeit entgegensteht. Unsere Instrumente, Lernprozesse sichtbar zu machen und zu hinterfragen, sind angeleitete Reflexionsprozesse und die Methode der Selbstreflexion. Sie sind für uns ein wesentliches Qualitätsmerkmal unserer Arbeit.

Nach langer Diskussion in unseren eigenen Reihen und mit der Schulleitung einigten wir uns im Vorfeld auf das Verfahren, eine Bewertung der Schülerinnen und Schüler anhand eines Reflexionsprozesses vorzunehmen, der Kriterien enthielt, die auch schulisch bewertet werden konnten. Wir wollten aber auf keinen Fall die Meinungsbildung und die Inhalte der Beiträge im Kurs bewerten lassen. Vor allem sollte die Reflexion des bisherigen Kurses und des eventuellen Lernzuwachses jedes einzelnen Jugendlichen im Mittelpunkt stehen.

Wir erarbeiteten im Team einen Fragebogen für die Jugendlichen, der der eigenen Reflexion und der Reflexion über die anderen Gruppenmitglieder diente. Da wir davon ausgingen, dass die Jugendlichen die Selbstreflexion als angeleitetes Verfahren nicht kannten, sollte dieser Fragebogen als Leitfaden eine Unterstützung bieten.

Der Fragebogen bezog sich auf folgende Kriterien:

- Überdenken des bisher erlebten Kurses
- Einbringen von Ideen und Aktivitäten
- Beteiligung an Diskussionen, Aktivitäten
- Übernahme von Verantwortung innerhalb des Kurses
- Förderliche und hinderliche Aspekte
- Anwesenheit

Vor allem die Punkte „Einbringen von Ideen..." und „Beteiligung" sowie „Übernahme von Verantwortung" sollten bewertet und daraus eine Note gebildet werden.

Die Ergebnisse der Selbstreflexion wurden auszugsweise in der Gruppe vorgestellt. Dabei gaben sich die Jugendlichen selbst eine Note. Die Gruppenmitglieder nahmen dazu Stellung und sollten ebenfalls eine Note aussprechen. Aus den Voten in der Gruppe wurde ein Mittelwert gebildet, der eine weitere Teilnote ausmachte. Die Teamerinnen brachten den dritten Teil der Gesamtnote ein. Das Mittel aus allen drei Noten (Selbstreflexion, Gruppenreflexion, Teamerinnenreflexion) bildete die jeweilige Note für den Neigungskurs.

Mit der Umsetzung dieses Plans setzte bei den Jugendlichen eine Diskussion ein. Das Verfahren wurde vor und nach den Schulferien diskutiert mit dem Ergebnis, dass die Fremdeinschätzung durch die Gruppe von einigen Schülerinnen und Schülern als problematisch eingeschätzt wurde. Sie wünschten sich mehr Schutz. Für die Notengebung zum Schuljahresabschluss wurde deshalb vereinbart, den Prozess der Selbstreflexion für sich selbst durchzuführen, der Gruppe gegenüber aber nur in Form einer Note zusammenzufassen. Die Form der dreigeteilten Notengebung wurde beibehalten. Von der Schulleitung wurde diese Form der Notengebung unterstützt.

Nach wie vor jedoch werten wir diese Form der Bewertung für unsere Arbeit als kritisch, auch wenn sie durch Selbstreflexionsprozesse gestützt wird. Aus Sicht von Schule fördert die Notengebung die Motivation zur Teilnahme bzw. zum Ernstnehmen des Kursangebotes. Wir denken auf der Erfahrungsgrundlage unserer Praxis anders. Unseres Erachtens ist eine Reflexion des Lernprozesses erforderlich, sowohl für die Jugendlichen, um den Prozess deutlich zu machen, als auch als Rückmeldung für das Team, um Rückschlüsse auf die Gestaltung des Kurses ziehen zu können. Die Bewertung als Instrument zur Förderung von Teilnahme und Ernsthaftigkeit ist aus unserer Sicht nicht zwingend erforderlich.

Geht es nun zusammen?

Wir haben in dem für uns ersten gemeinsamen Zusammengehen von Ganztagsschule und politischer Jugendbildung viele positive Erfahrungen sammeln können. Sowohl die Schulleitung als auch Arbeit und Leben haben die Zusammenarbeit als Lernprozess gesehen und bei Problemen schnell einen „gemeinsamen Draht“ gefunden. Wir hatten den Eindruck, dass wir gerade hinsichtlich unserer Freiheiten bei der Themenwahl und bei der Auswahl der Methoden bei den Schülerinnen und Schülern wie auch bei der Schulleitung auf ein positives Echo gestoßen sind. Unser Angebot wurde als echte Bereicherung gesehen. Für uns war das langfristige Arbeiten einmal pro Woche über ein gesamtes Schuljahr hinweg allerdings eine Herausforderung. Aber es zeigte sich, dass auch hier unsere Qualitätsinstrumente, wie die regelmäßige Reflexion im Team und

Rückmeldungen von Teilnehmenden und Kooperationspartnern, zu raschen Problemlösungen und vor allem zum Abbau von Missverständnissen beigetragen haben.

Für uns spricht besonders die Tatsache, wie viel Lernzuwachs die Schülerinnen und Schüler selbst bei sich verzeichnet haben, für die Fortsetzung eines solchen Kursangebotes. Über ein Jahr hinweg wurden von den Jugendlichen Nachrichten und politische Themen wahrgenommen, kritisch hinterfragt, analysiert und beurteilt. Jungen und Mädchen gewannen zunehmend Spaß daran und wurden eigenständiger in der Diskussion und auch in der Beteiligung am Kurs. Das gibt uns die Hoffnung, Jugendlichen wichtige Instrumente zum Verstehen ihrer Umwelt mitgegeben zu haben. Dies ist für uns auch der ausschlaggebende Punkt für die Entscheidung, solch einen Kurs wieder anzubieten.

Die Zusammenarbeit zwischen Schule und außerschulischen Kooperationspartnern sehen wir – wie die Entwicklung von Ganztagsschulen – weiterhin als Lernfeld. Wenn die Schule entsprechende Managementaufgaben leisten soll, dann braucht sie dafür auch Ressourcen. Wenn Kooperationspartner eingebunden werden, wäre es aus unserer Sicht fruchtbar, wenn es eine Plattform gäbe, wo sich alle Kooperationspartner der Schule kennen lernen können. Abgestimmte Lernzeiten, die Berücksichtigung von Lernrhythmen, Zeiten der Konzentration und Zeiten der Entspannung sowie das stärkere Zusammenarbeiten von Fachlehrkräften mit Kooperationspartnern – es gibt viele Punkte, an denen noch gearbeitet werden kann und muss, um die große Aufgabe, die Entwicklung von Ganztagsschulen, erfolgreich umzusetzen.

Autorinnen und Autoren

Nadine Balzter, M.A., wissenschaftliche Mitarbeiterin im Projekt „Bildungsstrategie Offenbach“ im Rahmen des Bundesprogramms „Lernende Regionen – Förderung von Netzwerken“. Sie war wissenschaftliche Mitarbeiterin im Projekt „KJP Evaluation Politische Jugendbildung“.

Dr. phil. Helle Becker, Expertise & Kommunikation für Bildung, Kultur- und Erziehungswissenschaftlerin, wissenschaftliche Autorin und Publizistin, Projektmanagerin und in der Fortbildung tätig. Arbeitsschwerpunkte: Jugendarbeit, Bildungstheorie, politische und kulturelle Bildung, europäische und internationale Jugend- und Bildungsarbeit und Politik, Zusammenarbeit Schule – Jugendhilfe, Lehraufträge an der Universität zu Köln, an der FernUniversität Hagen, Leiterin des GEMINI-Projekts „Politik & Partizipation in der Ganztagsschule“

Ina Bielenberg, bis 2007 Bildungsreferentin der Bundesvereinigung Kulturelle Kinder- und Jugendbildung (BKJ), zuständig für Grundsatzfragen und stellvertretende Geschäftsführerin, Themenschwerpunkt Bildung, Leiterin des dreijährigen Projektes „Kultur macht Schule“, seit 2007 Geschäftsführerin des Arbeitskreis deutscher Bildungsstätten (AdB)

Michael Götz, M.A., ist Projektreferent im Haus am Maiberg, der Akademie für politische und soziale Bildung der Diözese Mainz. Aktuelle Arbeitsschwerpunkte: Kooperation außerschulischer und schulischer Bildung, Kommunale Jugendbildung, Intergenerationelles Lernen, Bildung für nachhaltige Entwicklung

Sascha Rex, Referent für politische Jugendbildung im Deutschen Volkshochschul-Verband (dvv). Arbeitsschwerpunkte: Politische Bildung mit bildungsfernen Jugendlichen und Jugendlichen mit Migrationsgeschichte

Dipl. Päd. Katrin Riß, wiss. Mitarbeiterin am Institut für Kindheit, Jugend, Familie und Erwachsene der Fachhochschule Köln, Expertise im Bereich entwicklungsbezogener, internationaler und interkultureller Bildungsarbeit, Evaluation des P&P-Projektes

Prof. Dr. phil. habil. Albert Scherr, Diplom-Soziologie, Pädagogische Hochschule Freiburg, Institut für Sozialwissenschaften. Arbeitsschwerpunkte: Bildungsforschung, Diversität und Rassismus, Systemtheorie, Theorie der Sozialen Arbeit

Kerstin Schöne, M.A., Pädagogische Fachleiterin Bereich Jugend bei der Bildungsvereinigung Arbeit und Leben Sachsen e.V.

Dr. Achim Schröder, Prof. für Kulturpädagogik und Jugendarbeit am Fachbereich Gesellschaftswissenschaften und Soziale Arbeit der Hochschule Darmstadt. Arbeitsschwerpunkte: Adoleszenz, politische Jugendbildung, Kooperation Schule und Jugendarbeit, pädagogische Konflikt- und Gewaltforschung

Dr. Heinz-Jürgen Stolz, wissenschaftlicher Referent am Deutschen Jugendinstitut. Arbeitsgebiete: Kooperation Jugendhilfe-Schule; Lokale Bildungslandschaften; Ganztagsschul- und allgemeine Bildungsforschung

Prof. Dr. Andreas Thimmel, Professor für Wissenschaft der Sozialen Arbeit an der Fakultät für Angewandte Sozialwissenschaften der Fachhochschule Köln, Institut für Kindheit, Jugend, Familie und Erwachsene (KJFE), Arbeitsschwerpunkte: Internationale Jugendarbeit, Politische Jugendbildung, Kooperation Jugendarbeit – Schule, Sozialpädagogik

WOCHEN SCHAU VERLAG

... ein Begriff für politische Bildung

Partizipation

Ulrike Leikhof (Hrsg.)

Außerschulische Bildung für innerschulische Demokratie

SV-Arbeit als Schwerpunkt außerschulischer politischer Bildung

Seit vielen Jahren bieten Mitgliedseinrichtungen der Arbeitsgemeinschaft katholisch-sozialer Bildungswerke in der Bundesrepublik Deutschland (AKSB) „außerschulische Bildung für die innerschulische Demokratie“ an. Die Arbeit mit Schülervertretungen und deren Multiplikatoren bildet einen ihrer Arbeitsschwerpunkte. Ergebnisse dieser Arbeit werden hier zum ersten Mal der Fachöffentlichkeit vorgestellt. Dabei geht es vor allem um die Frage, wie die Zusammenarbeit zwischen außerschulischer Jugendbildung und Schule gelingen kann.

978-3-89974360-9, 196 S., € 19,80

Christa Kaletsch

Demokratietraining in der Einwanderungsgesellschaft

Aktive Schülervertretung für Schüler, Lehrer und Eltern

Kindern und Jugendlichen Lust auf eine kritische Auseinandersetzung mit demokratischen Prozessen zu machen, ist das Hauptanliegen dieses Bandes. Ein sensibler Blick auf Entscheidungsfindungsprozesse und ein deutliches Votum für die Universalität der Menschenrechte bilden den Kern des Trainingskonzepts, das einen Beitrag zur Demokratisierung von Schule leisten will. Ein Buch aus der Praxis für die Praxis mit ausführlichen Moderationshinweisen für Multiplikatoren.

978-3-89974305-0, 240 S., € 14,80

www.wochenschau-verlag.de

Adolf-Damaschke-Str. 10, 65824 Schwalbach/Ts., Tel.: 06196/86065, Fax: 06196/86060, info@wochenschau-verlag.de